Franz Gosch

Weinmarketing

Möglichkeiten
Umsetzung
Checklisten

Österreichischer Agrarverlag

Inhalt

Vorwort	5
Erfolgsvoraussetzungen und Konsequenzen	7
Arten der Märkte	8
Der Weinmarkt im Detail	9
Grundlagen des Marketing	11
Zauberwort „Marketing-Mix"	11
Marketingphilosophie und Marketingtechnologie	12
Externes Marketing	12
Organisation und Zusammenschlüsse	12
Internes Marketing	13
Grundregeln für erfolgreiches Marketing	15
Erfolgskontrolle	16
Kennzahlen und einige Wege zur effizienten Betriebsführung	17
Marktanalyse	21
Standortbestimmung des eigenen Betriebes (Ist-Situation)	21
Weinmarktforschung in eigener Sache	23
Sieben ausgewählte Trends für den Weinbauern	27
Produktanalyse	31
Die konkreten Maßnahmen (Soll-Situation)	33
Auf der Suche nach neuen Lösungen	35
Der Marketing-Mix	38
Produktgestaltung und Angebot	38
Weinspezifische Aspekte bei der Produktpolitik	41
Logo und Slogan	41
Flaschenform und Farbe	43
Flaschenadjustierung (Etikett)	44
Verpackung	45
Errichtung und Gestaltung eines Verkaufsraumes	45
Die Warenpräsentation im Verkaufsraum	47
Gestaltung von Schaufenstern, Vitrinen und Präsentationsregalen	48
Durchführung einer Weinkost	49
Preisgestaltung und Preispolitik bei der Weinvermarktung	54
Kommunikationspolitik	57
Kommunikation nach innen	57
Weinpräsentation und Führung eines effizienten Verkaufsgespräches	57
Teilnahme an Messen und Ausstellungen	66
Kundenkartei	69
Buschenschank-Folder	70
Kommunikation nach außen	70
Maillings, Faxe, Einladungen ...	70
Pressemappe	72
Gestaltung eines Betriebsprospektes	73
Gestaltung von Briefpapier, Kuverts und Visitkarten	75
Beschilderung	76
Das richtige Verkaufsgespräch beim Telefonieren	76
Werbung	79
Werbeziele	80
Werbeinhalt	80
Werbemittel	81
Werbeträger	81
Werbeerfolgskontrolle	82
Verkaufsförderung	82
Direkte und indirekte Verkaufsförderung	82
Öffentlichkeitsarbeit (PR = Public Relations)	83
Vertriebswege (Distribution)	84
Der Marketing-Mix im Überblick	86
Kooperationen	94
Der Masterplan für Winzer	97
Anhang	100
Beispiel einer Öffentlichkeitsarbeit	100

Übersicht Marketingkonzept	101
Checkliste für meinen Betrieb	102
Checkliste für Messen und Ausstellungen	104
Telefonnotizblock	105

Schlussbetrachtung	106
Ausblick	107
Literaturquellen	110
Bildanhang	113

Impressum

© 2003 Österreichischer Agrarverlag, Druck- und Verlagsges.m.b.H. Nfg.KG, Achauer Straße 49 A, A-2333 Leopoldsdorf, E-mail: office@agrarverlag.at, Internet: www.agrarverlag.at

Das Werk ist einschließlich aller seiner Teile urheberrechtlich geschützt. Jede Verwertung außerhalb der engen Grenzen des Urheberrechtsgesetzes ist ohne Zustimmung des Verlages unzulässig und strafbar. Das gilt insbesondere für Vervielfältigungen, Übersetzungen, Mikroverfilmungen und die Einspeicherung und Verarbeitung in elektronischen Systemen.

Projektleitung: Alexandra Mlakar, Österreichischer Agrarverlag
Satz: Hantsch & Jesch PrePress Services OEG, A-2333 Leopoldsdorf
Druck: Landesverlag Druckservice, Linz

Printed in Austria

ISBN: 3-7040-1890-2

Dank an **Mag. Claudia Brandstätter und Dr. Walter Kutscher,** die durch ihre Beiträge das Buch ganz wesentlich mitgestaltet haben.

Abbildungsnachweis

Umschlag: Walter Kaltzin, Franz Gosch
Alle übrigen Abbildungen: Franz Gosch

Vorwort

Wein ist ein jahrtausendaltes Kulturgut und hat gerade in den letzten Jahren wieder enorm an Bedeutung gewonnen.

Aus der Erkenntnis, dass der Zeitraum von der Einführung eines Produktes auf dem Markt bis zu seinem Verschwinden etwa drei bis sieben Jahre umfasst, soll dieses Buch vornehmlich im Zusammenhang mit Tisch- und Trinkkultur sowohl für Schüler und Studierende, aber insbesondere für den praktizierenden Weinbauern eine große Umsetzungshilfe bei allen marketingstrategischen Maßnahmen sein.

Sehr praxisbezogen werden alle Bereiche der Marktforschung, Werbung, Verkaufsförderung und PR (Public Relations) dargestellt.

Die gesamte Verkaufskulisse wird durch Checklisten zu einem unverzichtbaren Nachschlagewerk.

Mit diesem Buch gestalten Sie ein neues Produkt- bzw. Unternehmensprofil, lernen den Markt kurz- mittel- oder langfristig zu beeinflussen und können somit die Erwartungshaltung ihrer Kunden erfüllen.

Ing. Franz Gosch

Erfolgsvoraussetzungen und Konsequenzen

Marketing ist ein unverzichtbares Hilfsmittel, um am Wettbewerbsmarkt bestehen zu können und ist vorrangig absatzorientierte Produktwerbung unter dem Motto:
Die Produktion verursacht Kosten – erst der VERKAUF bringt den Gewinn!

Marketing ist somit weit mehr als Werbung, Präsentation oder Öffentlichkeitsarbeit – es ist übergeordnet die unternehmerische Denkweise, ein überlegt erzeugtes Produkt gewinnbringend zu verkaufen. Es schließt somit die Besinnung auf eigene Stärken, Einkauf, Produktion, Verarbeitung, Vermarktung und Verwaltung in das Handeln mit ein.

„**Marketing** ist kunden- und produktorientiertes Handeln. Bei allen Überlegungen und Aktivitäten steht der Markt im Mittelpunkt. Marketing beinhaltet die Gesamtheit aller Maßnahmen, damit ein Produkt verkauft wird."

„Die als Nachfrage entstandene Leistung sollte zur richtigen Zeit und am richtigen Ort, zum richtigen Preis auf dem geeigneten Weg, mit wirksamer Werbung und Verkaufstechnik den richtigen Kunden angeboten und damit ein angemessener Gewinn erzielt werden."

Kurz gesagt:

> „Die Welt mit den Augen und allen anderen Sinnesorganen des Kunden sehen!"

Arten der Märkte

Ausgeglichene Märkte:
Angebot und Nachfrage halten sich die Waage (sind ausgeglichen), die Nachfragesteigerung ist durch aktive Preisgestaltung möglich.

Käufermärkte:
Durch die Alleinstellung der Produkte werden hohe Preise erzielt. (Ideal für Produzenten, nachteilig für Konsumenten!)

Erzeugermärkte:
Das Überangebot bewirkt Preisverfall. (Ideal für Konsumenten.) In gesättigten Märkten erfährt das Marketing leicht eine Konkurrenzorientierung.

Der Weinmarkt ist global durch Überschuss und für den Käufer durch ein vielfältiges und unübersichtliches Angebot geprägt!

Wer Marketing mit all seinen Facetten im Betrieb nutzen möchte, muss auch die dazugehörigen Rahmenbedingungen kennen (Weingesetz, Konsumentenschutz, Hygieneverordnung, Bauordnung, Steuerrecht, Eichgesetz, Umweltschutz usw.).

Man sollte auch wissen, dass über 80 % der Nahrungsmittel bei Handelsunternehmen gekauft werden, lediglich knapp 20 % bleiben den Direktvermarktern vorbehalten, d.h. der Weinmarkt ist ein reiner „Verdrängungsmarkt", weil sich die Verbrauchszahlen nur schwer verändern lassen. Durch die Globalisierung wird sich der Wert weiter zu Ungunsten des Weinbauern verschieben. In diesem Verdrängungsmarkt wird der Wunsch des Konsumenten nach

Verdrängungsmarkt

– mehr Qualität und Natürlichkeit
– mehr Abwechslung, Attraktivität, Geschmackserlebnis
– mehr Zusatznutzen, Bequemlichkeit, Lifestyle und
– mehr Sicherheit durch Marken

immer stärker. Diese Käufergewohnheiten sind statistisch nachweisbar. Gerade in einer hektischen „Fastfood- und Wohlstandsgesellschaft" steigt der Wunsch nach Exklusivität (Romantik usw.). Bauernmärkte und Ab-Hof-Einrichtungen erfüllen viele Wünsche in Richtung Naturprodukte und sind durch das Kauferlebnis von innigem persönlichen Kontakt geprägt.

Kauferlebnis

Mit dem „Denken und Handeln wie ein selbstständiger Unternehmer" eröffnet sich dem Vermarkter eine Vielzahl von Chancen.

Patentrezepte für erfolgreiches Marketing gibt es nicht. So wird ein Betrieb besser und ein anderer weniger gut produzieren und verkaufen, weshalb alle Marketingmaßnahmen den jeweiligen Umständen anzupassen sind. Die Zielgruppe der Zukunft entscheidet über Erfolg und Misserfolg.

Patentrezepte für erfolgreiches Marketing gibt es nicht

> „Je planmäßiger Sie vorgehen, desto wirksamer trifft Sie der Zufall."
> (F. Dürrenmatt)

Der Weinmarkt im Detail

Sowohl regional, national, als auch international ist der Markt für Wein stark gestiegen – fast boomend. Weinkenner, Weinliebhaber, Mengentrinker und „Prestigeschlürfer" sind nur einige Kundengruppen, die stark angewachsen sind.

Markt für Wein stark gestiegen

Für den Qualitätswein besonders interessant sind Genussmenschen (Hedonisten), Liebhaber der Ess- und Trinkkultur, Abenteurer und Pioniere auf ihrer Suche nach Neuem. Sie alle unterscheiden sich in ihrem Verhalten und vor allem in ihrer Einstellung zum Wein.

Es gibt keinen Weinbauern auf der Welt, der all diese verschiedenen Gruppen gleichzeitig ansprechen kann. Daher ist es wichtig und notwendig, aus den verschiedensten Marktpotenzialen jene herauszufinden, mit denen man in Zukunft zu tun haben will und kann. Wichtig ist die eigene Stärke für die ausgewählte Zielgruppe – dafür zahlt diese auch gutes Geld. Diese tagtägliche Hege und Pflege einer Kernkompetenz ist Aufgabe des Winzers und spiegelt sich in einer klaren Position und einem umfassenden Profil wider. Nach Definition einer Zielgruppe ist es Aufgabe, das Marktpoten-

wichtig ist die eigene Stärke

zial zu bestimmen. Dies ist immer eine absolute Größe in Geld. Haben alle Menschen aus dem Potenzial schon ausreichenden Kontakt zu Wein, dann spricht man von einem **Verdrängungsmarkt**; fehlt der Zielgruppe dieser Kontakt, ist es ein **Wachstumsmarkt**.

In sehr vielen Weinbereichen liegen Potenzial und Volumen voneinander entfernt und man kann, ohne einen anderen Weinbauern zu verdrängen, trotzdem gut wachsen.

Um seinen eigenen Marktanteil zu erhöhen und die Marktbedeutung festzulegen, kann der eigene Marktanteil über Kooperationen erhöht werden und somit zu einer Marktmacht führen. Diese Marktmacht bedeutet meistens nicht nur eine zunehmende Bekanntheit und Image, sondern auch lang anhaltende Attraktivität bei den unterschiedlichen Zielgruppen.

Es gilt in Zukunft vielmehr, Partnerschaften entstehen zu lassen. Ein somit „intelligenter Markt" steht für Leistung und Gegenleistung bzw. Rechte und Pflichten. Kunden, die die Leistung sehen und spüren, erkennen den Wert und zahlen auch gerne entsprechend dafür.

jeder Anbieter entwickelt sich für und mit seinen Kunden

Jeder Anbieter entwickelt sich für und mit seinen Kunden. Intelligenz setzt also einen umfassenden, intensiven Dialog mit der Branche und den verschiedenen Zielgruppen voraus.

„Die geschickteste Art, einen Konkurrenten zu besiegen ist nicht der Neid, sondern ihn zu bewundern, worin er besser ist." (Peter Altenberg)

Grundlagen des Marketing

Marketing wird vielfach mit Werbung gleichgesetzt. Manche sehen darin ausschließlich den Verkauf, aber Marketing ist, wie eingangs erwähnt, mehr. Marketing ist eine unternehmerische Denkweise, die den Markt, also den Kunden, in den Mittelpunkt aller Überlegungen und Maßnahmen stellt.

Marketing ist eine unternehmerische Denkweise

Es gilt also, die Erfordernisse und Bedürfnisse der Verbraucher, der potenziellen Kunden, zu eruieren, damit Wettbewerbsvorteile vor den Mitbewerbern zu schaffen und die Maßnahmen unternehmerisch gezielt einzusetzen, um den Gewinn zu optimieren.

In einem großen Unternehmen ist Marketing die Schnittstelle der einzelnen Abteilungen und jene Ebene, die zum Kunden und zur Produktion, zum Verkauf und zur Distribution (Vertrieb) Einfluss hat. Basis ist das Produkt, in unserem Fall der Wein (und eventuell seine Begleitprodukte), der (die) in einem qualitativ hoch stehenden Markt die Grundlage bilden, auf der die kundenbezogenen Aktivitäten aufbauen. Ziel aller Marketingmaßnahmen ist im Endeffekt, die Produkte und damit verbundenen Dienstleistungen zu verkaufen.

Produkte und damit verbundene Dienstleistungen verkaufen

Die Wege zum Verkauf sind vielfältig, die Möglichkeiten unterschiedlich, die Technologien variabel. Mit gezieltem Marketing sollen die Leistungen des eigenen Betriebes verbessert und eine betriebliche Erfolgsstrategie umgesetzt und verwirklicht werden.

Der Zauberkasten „Marketing-Mix"

Das Instrumentarium, das wir dafür zur Verfügung haben, bezeichnet man als Marketing-Mix. Im Englischen sind das die „vier Ps" und die Politik, die dahinter steht: Product, Price, Promotion und Place. Also das Produkt und die Produktpolitik, die Preispolitik und Preisgestaltung, die Kommunikationspolitik mit PR (Public Relations) und Werbung sowie letztendlich, wie das Produkt zum Kunden kommt: ob über den eigenen Keller, den Ab-Hof-Verkauf oder am POS, dem Point of Sale, in Vinotheken oder im Lebensmittelhandel.

Marketingphilosophie und Marketingtechnologie

Marketing gliedert sich in:

1. **Marketingphilosophie:** alle Ideen, die mit der Produktion und dem Verkauf zusammenhängen

2. **Marketingtechnologie:** alle Maßnahmen zur Verwirklichung dieser Ideen

Erkennen von Trends

Nachdem durch Marktforschung (oftmals von eigenen Marktforschungsinstituten durchgeführt!) und Erkennen von Trends Kundenwünsche vorliegen, vermittelt man durch Werbung, direkte und indirekte Verkaufsförderung und Öffentlichkeitsarbeit dem Kunden die Einzigartigkeit der anzubietenden Produkte und schafft durch Argumente ein neues USP (Unique Selling Proposition = einzigartiger, unverwechselbarer Verkaufsvorteil).

Externes Marketing

Organisation und Zusammenschlüsse

modernes Marketing ist auf die Kundenwünsche ausgerichtet

Modernes Marketing ist auf die Kundenwünsche ausgerichtet. Das Denken wird vom Markt bestimmt. Es gilt, den Konsumenten mit den eigenen Produkten zu begeistern. Oft sind Maßnahmen im organisatorischen und werblichen Sinn zu aufwändig und kostspielig und die Stimme eines einzelnen Betriebes verhallt nur allzu leicht im oft dissonanten Chor der Mitbewerber.

Die Macht der Marke – gemeinsam stärker sein

gemeinsames Ziel

Immer mehr Winzer finden sich zu Einheiten zusammen, wobei es verschiedene Ansätze eines gemeinsamen Auftrittes gibt: Zum einen kann eine homogene Gruppe entstehen, mit einem gemeinsamen Ziel und einer strategischen Aufgabenverteilung, womit einer Gegend, einem Gebiet oder einem Weintypus mehr Aufmerksamkeit verschafft werden kann.

Zum anderen besteht die Möglichkeit, eine Ergänzung der eigenen Kompetenz zu finden. Eine interessante und sinnvolle Alternative besteht auch im Zusammenschluss zweier oder nur weniger Winzer, die bei Präsentationen oder Messeauftritten kooperieren, indem die jeweiligen Angebote ergänzt werden und gegenseitige Unterstützung erfolgt. Zwanghaftes Gruppendenken kann aber auch das Gegenteil bewirken, denn eine Gruppe ist immer so stark wie ihr schwächstes Glied. Wenn Individualdenken zu sehr über gemeinschaftliches Handeln zu liegen kommt, besteht die Gefahr, dass die Gemeinschaft daran zerbricht.

Bei Kooperationen ist aber nicht nur ein konsequenter gemeinsamer Auftritt nach innen und außen für den Erfolg ausschlaggebend, sondern vielmehr, dass sich die Partner mengen- und qualitätsmäßig sinnvoll ergänzen. Ein gemeinsames Logo (Marke) erleichtert dem Konsumenten die Zuordnung zur jeweiligen Vertriebsgruppe.

konsequenter gemeinsamer Auftritt nach innen und außen

Kooperationen sollen das Leben des Weingenießers erleichtern und einfacher machen – Gewinner jeder Kooperation muss also der Weintrinker sein. Kooperationen machen nur Sinn, wenn diese langfristig angedacht werden und konsequent am gemeinschaftlichen Erfolg gearbeitet wird. Nur so haben Winzer und Gast Spaß und Freude am Produkt Wein.

Entwicklung von Kooperationen im Weinbereich:

1. Phase: Euphorie, gepaart mit vorläufig unrealistischen Erwartungen an Partner und zukünftigen Markt
2. Phase: Ernüchterung bis hin zum Frust
3. Phase: Festlegung von realistischen Zielen und Aktivitäten
4. Phase: Gemeinschaftlicher Erfolg

Externes Marketing wird vielfach von übergeordneten Gremien (Interessenvertretungen, Weinmarketing-Organisationen) unterstützt.

Internes Marketing

Unter internem Marketing versteht man die Akzeptanz der Marketingstrategien und ihre Umsetzung bzw. die Verfolgung gemeinsamer Ziele durch Familienmitglieder und Betriebsangehörige.

Leitbild

Das interne Marketing ist somit Voraussetzung für einen externen Erfolg. Die jeweilige Betriebsphilosophie, das Leitbild und Konzept sind der sprichwörtliche rote Faden, ein über Jahre angelegtes Programm zur Orientierung des Betriebes.

Es gilt, das Leitbild eines Unternehmens – auch noch so kleine Weinbaubetriebe sind Unternehmen – gemeinsam zu erarbeiten und auch zu leben. Jedes Familienmitglied, jeder Mitarbeiter – von der Produktion bis zum Vertrieb – sollte sich mit dem Leitbild als Leistungskatalog identifizieren können. Nur so entstehen innerhalb eines Hauses Dynamik, Begeisterung und der Funke, der vom Winzer zum Kunden überspringen soll.

Der erste Grundbaustein einer CI (Corporate Identity) – die innere Haltung, die von allen gelebt werden muss – ist die **Unternehmerpersönlichkeit**.

Im selbst vermarktenden Betrieb sind der Winzer oder die Winzerin ein entscheidender Faktor, anders als in einem Großunternehmen, wo Führungspersonen gegebenenfalls beliebig ausgewechselt werden können. Die Unternehmerpersönlichkeit des Winzers bestimmt, ob sich der Betrieb dynamisch, jugendlich, offensiv oder beständig, klassisch oder wertebewusst präsentiert.

Dies ohne Bruch aufrechtzuerhalten, ist vor allem bei einem Generationswechsel eine Herausforderung, die zu Konflikten führen kann und trifft selbstverständlich in weiterer Folge auch auf die Mitarbeiter zu.

Auf Grund unterschiedlicher Zielgruppen ist es notwendig, den Markt in verschiedene Segmente einzuteilen – dieses Unterteilen erfolgt so lange, bis ein überschaubarer und Erfolg versprechender Überblick geschaffen wird. Solche Zielgruppen sind z.B. Gäste der Buschenschenken (Straußenwirtschaften), Nutzer eines „Urlaub-am-Winzerhof-Angebots", Selbstabholer, Privatkunden, Gastronomen, Vinotheken, Kunden, die persönlich bzw. per Spedition zugestellt bekommen usw.

„Manche Leute würden eher sterben als nachdenken, und sie tun es auch."
(B. Russel)

Die Grundregeln für erfolgreiches Marketing

Wie sollen wir damit beginnen, am Markt erfolgreich zu sein, um bei der Fülle der Mitbewerber wahrgenommen zu werden?
Die Grundlage ist immer ein wohlüberlegtes Konzept, das in schriftlicher Form auf den eigenen Betrieb zugeschnitten und erarbeitet werden sollte. Bevor man beginnt, sollten bestimmte Regeln beachtet werden:

wohlüberlegtes Konzept

- Wo stehe ich mit meinem Betrieb? (Situationsanalyse)
- Wem will ich mein Produkt verkaufen? (Zielgruppendefinition)
- Welche Ziele will ich erreichen? (Zielvorgabe)
- Mit welcher Strategie soll ich beginnen? (Umsetzungsplan)
- Nach welchem Zeitplan gehe ich vor?
- Mache ich nach jeder Etappe eine Erfolgskontrolle?

Ablauf zur Erreichung bestimmter Marketingziele:

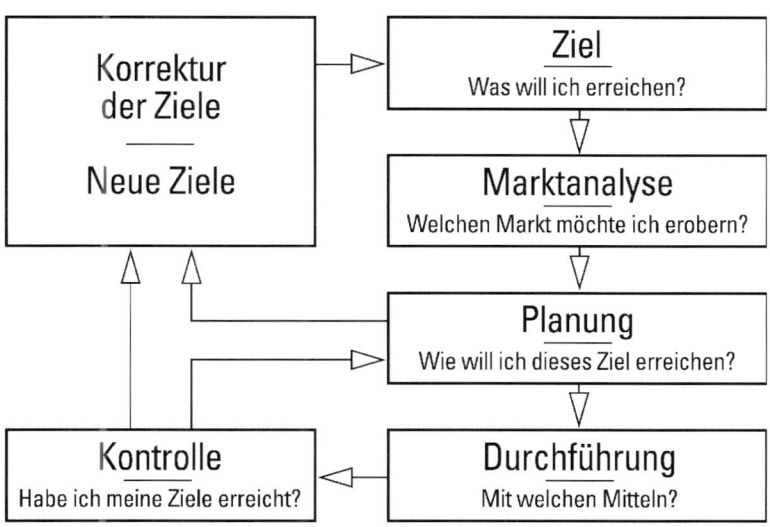

Erfolgskontrolle

Diese ist gerade im Marketing besonders wichtig, weil nur damit Fehler aufgedeckt werden und Denkanstöße zum Gegensteuern und Anpassen möglich sind. Voraussetzung ist immer eine vorangegangene Zielsetzung und die **konsequente Beobachtung der einzelnen Marketingschritte**.

So können bestimmte Veränderungen kurzfristig Erfolg versprechend sein, so manche Messeteilnahme beispielsweise aber erst langfristig wirksam werden.

Die 10 Ws der Marketingplanung, die man sich ständig vor Augen halten sollte:
- Wer sind wir?
- Wo stehen wir?
- Warum stehen wir dort?
- Was wollen wir erreichen?
- Wie wollen wir das erreichen?
- Wodurch soll das geschehen?
- Womit soll das durchgeführt werden?
- Wann findet es statt?
- Wie viel darf es kosten?
- Wer soll es machen?

Was nützt der beste Wein mit dem richtigen Preis zum richtigen Zeitpunkt am richtigen Ort, wenn interessierte Kunden nicht wissen, wo er erhältlich ist und welche Vorteile er bietet?

Dazu gehören:
- Kenntnisse über die eigenen Mitarbeiter und den eigenen Betrieb
- Kenntnisse der Mitanbieter
- Kenntnisse der Zielgruppe
- Kenntnisse der Produkttrends, in die mein Sortiment einfließen soll
- Erkennen der eigenen Positionierungsmöglichkeit

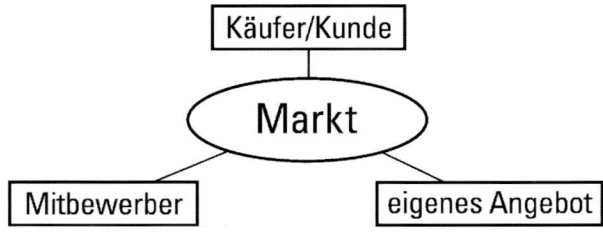

Gerade bei der Frage „Wo stehe ich?" sollte man ehrlich, schonungslos und selbstkritisch sein. Diese Situationsanalyse ist Ausgangspunkt jeder Marketingentscheidung. Das Marketing-Dreieck „Käufer/Kunde – eigenes Angebot – Mitbewerber" ist die Basis für alle wesentlichen Entscheidungen.

„Wo stehe ich?"

Ein Grundsatz heißt: Erkenne deine Schwächen und betone deine Stärken. Selbstverleugnung hat hier keinen Platz: Der Markt kann verlangen, was er will – wenn bestimmte Voraussetzungen wie klimatische Bedingungen oder eine bestimmte Lage oder Sorte den Möglichkeiten oder Erwartungen widersprechen, dann sind viele Maßnahmen sinnlos!

Erkenne deine Schwächen und betone deine Stärken.

Schwächen können auch Chancen sein: Ist man bislang in einem Produktsegment noch nicht aufgefallen, wird die Fachwelt schneller aufhorchen, wenn man sie mit einem Spitzenprodukt überrascht. Deshalb sollte man Fachjournalisten auch „verzeihen", wenn sie auf so genannte Shootingstars weit schneller aufmerksam werden, und darüber eher berichten als über Gewohntes. Man sucht eben immer nach Außergewöhnlichem.

Konsumenten sind ebenso unterschiedlich wie Anbieter. Deshalb sollte die Produktpalette auf die Zielgruppe abgestimmt sein. Es gibt keine Durchschnittsverbraucher, sondern nur „Individualisten"; sonst gäbe es schon längst das „Einheitsauto", die „Einheitskleidung" usw.

Daraus ergibt sich für den Verkauf die logische Schlussfolgerung:

> *„Allen Menschen recht getan, ist eine Kunst, die niemand kann!"*

Kennzahlen und einige Wege zur effizienten Betriebsführung

Am Anfang und auch in weiterer Folge steht das Kostenbewusstsein als ein Gesamtkostenbewusstsein. Das sind alle Einzelkosten (Lohn, auch der eigene Lohn) und natürlich auch die Gemeinkosten (Keller usw.).

Kostenbewusstsein als Gesamtkostenbewusstsein

Wer kein Gesamtkostenbewusstsein hat, wird nicht in der Lage sein, sich selbstbewusst seine Preispolitik zu schaffen und seine Finanzplanung zu erledigen. Damit Spaß und Freude nicht verloren gehen, ist es unbedingt notwendig, die Gesamtkosten mittel- und langfristig zu erwirtschaften. Nur so erhält sich der Winzer auch die Innovationskraft und Fantasie für den aktiven und dankbar nach Werten suchenden Kunden der Zukunft. Gewinn macht neue, ungewöhnliche Lösungen erst möglich!

Innovationskraft und Fantasie

Kennzahlen geben Auskunft über die wirtschaftliche Lage des Unternehmens. Es gibt verschiedene Arten von Kennzahlen:

Vermögenskennzahlen:
Der (zukünftige) Finanzplan ist maßgeblich von den Vermögenskennzahlen abhängig:

- **Verschuldungsgrad:**
  Die **Freiheit** des Winzers wird nicht nur durch die Treue der Kunden, sondern auch durch den Verschuldungsgrad bestimmt.

- **Anlagendeckung:**
  Nachdem immer mehr hochwertige, hochtechnische Maschinen und zukunftsweisende Technik beim Winzer Eingang finden, spielt die Maschinen- und Anlagendeckung eine zentrale Rolle (Maschinen für Qualität usw.).

Rentabilitätskennzahlen:
Unter Gesamtrentabilität versteht man den „Zukunftsmotor" für einen Betrieb: Es ist die Summe aus Eigen- und Fremdkapital. Umsatzrentabilität ist hingegen das Verhältnis von Umsatz und Gewinn zueinander. Die Gesamtrentabilität spielt wie die Umsatzrentabilität (über Jahre hinweg verglichen) eine aussagekräftige Rolle für den Erfolg des Winzers.

Gesamtrentabilität Umsatzrentabilität

Liquiditätskennzahlen:
Auch für Weinbauern ist die Rentabilität ihres Unternehmens messbar; „Weinliquidität" ist auch ein Faktor, welcher, um die Gunst der Stunde nutzen zu können, beachtenswert erscheint.

Erfolgskennzahlen:
Erfolgskennzahlen sind als Erfolgskontrolle nicht nur in der Wein-

branche, sondern auch in anderen Branchen bekannt (auch, um in die Zukunft blicken zu können).

Cash-flow (Gewinn und Abschreibung):
Dieser wird vor allem verwendet, um den Erfolg gesetzter Aktionen messen zu können; außerdem, um Vergleiche mit dem Vorjahr anzustellen und daran die Entwicklung des Betriebs abzulesen.

Einfache Formeln zur Berechnung:

Vermögens- und Finanzierungskennzahlen

$$\text{Verschuldungsgrad in \%} = \frac{\text{Fremdkapital}}{\text{Gesamtkapital}} \times 100$$

Je höher diese Zahl ist, umso abhängiger ist das Unternehmen von den Fremdkapital-Gebern!

$$\text{Anlagendeckung in \%} = \frac{\text{Eigenkapital} + \text{langfristiges Fremdkapital}}{\text{Anlagevermögen}} \times 100$$

Die Anlagendeckung gibt an, welcher Prozentsatz des Anlagevermögens durch langfristiges Kapital finanziert ist (die Zahl soll unbedingt 100 % oder mehr betragen)!

Liquiditätskennzahlen

$$\text{Liquidität in \%} = \frac{\text{Umlaufvermögen}}{\text{kurzfristiges Fremdkapital}} \times 100$$

Diese Kennzahl soll mindestens 100 % betragen!

Rentabilitätskennzahlen

$$\text{Eigenkapitalrentabilität in \%} = \frac{\text{Gewinn}}{\text{durchschnittl. EK}} \times 100$$

durchschnittliches EK = Anfangsbestand EK + Endbestand EK / 2

Wieviel Prozent Gewinn wurde durch das eingesetzte Eigenkapital erzielt (die Zahl sollte langfristig über dem Zinssatz anderer Anlageformen, wie z.B. Wertpapiere, liegen)?

$$\text{Umsatzrentabilität in \%} = \frac{\text{Gewinn}}{\text{Umsatzerlöse}} \times 100$$

Wieviel Prozent macht der Gewinn vom Umsatz aus?

Erfolgskennzahlen

Cash-flow in € = Gewinn + Abschreibungen

Der Cash-flow ist jener Teil, der nach Abzug der Ausgaben von den Einnahmen übrig bleibt.

Marktanalyse

Standortbestimmung des eigenen Betriebes (Ist-Situation)

Diese umfasst eine phasenweise Schau in das Unternehmen von außen nach innen, auf seine Mitarbeiter und seine Produkte, danach wieder nach außen zu den Mitbewerbern, zum Potenzial und zum Marktvolumen.

- Wo steht mein Unternehmen?

Befindet es sich im nahen Einzugsbereich eines Ballungszentrums, im touristischen Nahbereich, im kulturellen und kulinarisch-gastronomischen Umfeld, an einer Rad- oder Wanderroute? Bin ich einer unter vielen, stehe ich unter Konkurrenzdruck oder gelte ich trotz Abgelegenheit als Geheimtipp?
Wie sieht die Bevölkerungsstruktur in meinem Umfeld aus?

- Wer arbeitet im Unternehmen mit?

Wie ist die Zukunft, d.h. die nächsten fünf Jahre, in Bezug auf Familie und Mitarbeiter einzuschätzen? Wie sehe ich mich, wie sehen wir uns? Und vor allem: Wie sehen uns unsere Kunden?

- Was will der Kunde?

Bei Hinwendung zu einem aktiven Kundenmarketing sollte der Kunde im Mittelpunkt aller Überlegungen stehen. Dazu muss man die Fähigkeit haben, sich in den Kunden hineinzuversetzen. Dabei gilt der Grundsatz: Der Wurm hat nicht dem Angler zu schmecken, sondern dem Fisch.

Kunde im Mittelpunkt aller Überlegungen

Deshalb ist eine Kunden- und Gästeanalyse unumgänglich, wobei Instrumente wie eine Kundenkartei usw. hilfreich sind.

- Wie ist mein Auftritt?

Wie sieht mein Sortiment aus? Wer ist mein Hauptkonkurrent? Auch den gilt es zu analysieren, warum er eventuell besser ist als ich. Hauptprobleme sind zuerst zu definieren, um sie dann bewältigen zu können.

- Wie sieht das Potenzial aus?

Kann oder will ich überhaupt wachsen? Wie sieht es mit der Kaufkraft meiner Kunden aus? Wie entwickelt sich das Marktvolumen?

Bediene ich mich bereits der zahlreichen Unterlagen über Marktforschungsergebnisse im Wein- und Tourismusbereich?
All diese Faktoren können Vor- und Nachteile, Stärke, Schwäche oder Chance sein!

Weinmarktforschung in eigener Sache

Um genaue Vorstellungen und sichere Einschätzungen der tatsächlichen eigenen Marktlage zu erhalten, ist die Marktforschung in eigener Sache ein äußerst wichtiges Thema.

Marktforschung

Die Ziele sollten sein, bekannt, beliebt und geliebt zu sein und vor allem von zufriedenen Kunden weiterempfohlen (oder auch mehr) zu werden. Um dies zu erreichen, müssen aber zahlreiche „Anstrengungen" und Aktivitäten unternommen werden.

Weiterempfehlung

Dabei gibt es **drei** mögliche Erfolgswege:

1) Die Beobachtung der eigenen Kunden

Hier empfiehlt es sich, alle sinnlich wahrnehmbaren Tatbestände aufzuzeichnen und in weiterer Folge systematisch zu analysieren (wer, was, wann, wie lange, usw.). Zu den sinnlich wahrnehmbaren Tatsachen zählen neben sichtbaren Verhaltensmustern (die direkt erkennbar und aufzeichenbar sind) vor allem die gesetzten Aktivitäten der Kunden. Aber auch die älteste und ehrlichste Art der Kommunikation ist sichtbar: die nonverbale Kommunikation wie etwa Gestik, Mimik, Körperhaltung usw. Diese Form der Kommunikation (die übrigens mehr als 70% unserer Kommunikation ausmacht, das heißt nur ca. 30% laufen wirklich über das direkte Sprechen ab) ist den meisten Menschen gar nicht bewusst (übellauniger Ausdruck, usw.), ist nicht bewusst steuerbar wie die direkte Kommunikation (über das Sprechen) und daher ein ehrliches Urteil, d.h. eine ehrliche Reaktion des Kunden.

sinnlich wahrnehmbare Tatbestände

nonverbale Kommunikation

Oft kann man so schon frühzeitig Übellaunigkeiten oder Ärgernisse der Kunden erkennen und rechtzeitig gegensteuern; aber auch positives Überraschtsein und Freude sind sichtbar und somit verstärkbar!

Regelmäßige Aufzeichnungen und Vergleiche über das Kunden- und Gästeverhalten geben eine gute Grundlage, um zu erkennen, ob man im Mitbewerb der Weiterempfehlung vorne liegt.

Aufzeichnungen

"BUZZ-Marketing" (Mund-zu-Mund-Propaganda/Empfehlung) und persönliche Erzählungen sind Wege in eine erfolgreiche Zukunft!

Derartige Beobachtungen finden (obwohl kostengünstig!) noch in den seltensten Fällen statt. Auf jeden Fall ist die Voraussetzung dafür „filterloses Denken", das heißt auch jene Dinge zu sehen und zu akzeptieren, die man lieber nicht wahrhaben möchte. Vor allem der individuelle Filter (geprägt durch Erfahrungen und „gefüttert" durch bequeme Generalgesamturteile) sollte hierbei überwunden werden, damit man jene Dinge wahrnimmt, die weiterführend verbessernd sind. Wichtig ist: Auch die eigenen Kunden haben Filter in der Wahrnehmung – diese Filter gilt es zu erkennen und bewusst zu benutzen.

filterloses Denken

2) Die Befragung

direkte und indirekte Befragung

richtige Fragen

Ein weiterer Erfolg versprechender Weg ist die direkte und indirekte Befragung (Face-to-face, aber auch telefonisch) der Kunden. Die wichtigste Aufgabe des Unternehmers ist es, die „richtigen" Fragen zu stellen: Nur auf die richtigen Fragen erhält man die richtigen Antworten! Ergebnisse sind nur dann gut (und erleichtern Entscheidungen), wenn problemadäquate Fragen gestellt werden.

Jede Befragung beginnt mit einer bewussten Zielgruppenauswahl (Wer soll befragt werden?). Für diese Zielgruppe erfolgt dann auch die Fragebogenerstellung – kurz, prägnant, eindeutig, logisch, plausibel und entscheidungserleichternd!

Auch spontane Gespräche mit Kunden geben wichtige Infos wieder. Auch die Bildmarktforschung (nonverbale Befragung) erreicht durch Zeigen von Bildern Zustimmung bzw. Ablehung. Bis zu 200 Bilder (Farbe und schwarz/weiß ruhig mischbar) kann der Mensch aussuchen und zuordnen. Die größte Arbeit in der Bildmarktforschung entsteht jedoch beim Suchen und Finden sowie beim Vortest der geeigneten, eindeutigen Bilder.

TIPP:
Befragungen mit Zukunft sollten nicht in die Breite (viele verschiedene Themen, lange bis langweilig), sondern vielmehr in die Tiefe gehen. Es geht vor allem darum, die Kaufmotive richtig und systematisch zu erkunden. Es kann nicht Aufgabe der Marktfor-

Kaufmotive

schung sein, alle Motive aufzudecken; vielmehr geht es um die Hauptkaufmotive, beispielsweise Sicherheiten (bekannter Winzer, bekannte Sorte usw.), Menge, Durst (ein Grundbedürfnis = Grundmotiv), Verpackungsgestaltung usw.
Meist sind einige wenige Motive entscheidend für Kauf und Nichtkauf.

Hauptkaufmotive

Diese Kaufmotive werden von der Einstellung (= objektive und subjektive Beurteilung, starke emotionale Komponente) und Motivation, etwas zu kaufen (einkaufen können bzw. einkaufen wollen = Kaufkraft und Wirklichkeit), stark beeinflusst.
Wichtig ist: Einstellungsveränderungen brauchen Zeit, Geduld und auch Geld!

Einstellung und Motivation

Ein weiterer TIPP: Ideal ist es, wenn sich die Leistungen des Unternehmers mit den Erwartungen des Kunden decken (beispielsweise bezogen auf Innovationsgrad oder „Klasse statt Masse").

Neben den Kaufmotiven (Sicherheit, Prestige usw.) spielen aber auch die Erwartungen des Kunden eine nicht unbedeutende Erfolgsrolle: Objektive und subjektive Erwartungen müssen nicht nur erfüllt, sondern sollten im besten Fall übertroffen werden – nur wenn Erwartungen übertroffen werden, kann man von einer positiven Weiterempfehlung ausgehen.

Erwartungen übertreffen

Zusätzlich zu Erwartungen und Kaufmotiven darf man aber auch Urteile und Vorurteile nicht außer Acht lassen. Urteile und Vorurteile sind das Resultat aus Wissen, Gefühl und Handlungen (Erfahrungen) der Gegenwart und Vergangenheit.

Urteile und Vorurteile

Gegenwart und Vergangenheit

Die eigenen Urteile (Eigenbild) und die Kundenbeurteilungen klaffen nicht selten weit auseinander. Im Idealfall schafft man es, Eigen-, Fremd- und Sollbild in Harmonie zu bringen, wobei für einen Winzer neben umfassenden Kompetenzen vor allem Sympathie und Vermehrung des Lebensgenusses des Kunden anstrebenswerte Beurteilungen darstellen (langfristig).

Vermehrung des Lebensgenusses des Kunden

3) Die Trendforschung für den Winzer

Der Winzer hat auch die Möglichkeit, selbst den Trendscout zu spielen:

Trendscout

Die Fragen
- Wie wird sich der gesamte Markt entwickeln (regional bis global)?

- Welche neuen Anbieter bzw. Winzer können für mich in meiner Positionierung am Markt eine Konkurrenz bedeuten?
- Wo liegen meine Stärken (für den Kunden der Zukunft wichtig – dafür zahlen Kunden gerne Geld – die anderen Winzer haben diese Stärke nicht – die Stärke ist innerhalb eines halben Jahres nicht nachmachbar)?
- Kann aus einer dieser Stärken eine Kernkompetenz werden?
- Gibt es Trends in der Vermarktung?
- Wie verändert sich die Informationsaufnahme beim Kunden?
- **Lifestyle** — Stellt mein Weinsortiment für meine aktiven Kunden eine Art „Lifestyle" dar?
- Drückt dieser Kunde damit **Prestige, Luxus, Lebenslust, Qualität, Stil, Individualität** und **Genuss** aus?
- **Sinneserlebnis** — Spricht meine Leistung viele Sinnesorgane (Hören, Sehen, Schmecken, Fühlen, Riechen) an? Bin ich für meine Kunden ein Sinneserlebnis?

sind nur einige wenige Beispiele. Wichtig dabei ist die entsprechende Aufzeichnung und Archivierung sowie Auswertung der erhaltenen Informationen. Insofern sind Trendforschung und „Wissensmanagement" untrennbare Schlagworte.

All diese Fragen (und noch viele mehr!) sollte der „Anbieter mit Zukunft" beantworten können. Auf diesen Informationen lässt sich der zukünftige Weg gut bauen.

Ein exaktes, trendiges Wissen über den eigenen Betrieb, den Kunden, den Mitbewerb und den Markt ist eine unabdingbare Voraussetzung für eine Markteroberung oder Nischenstrategie der Zukunft.

Es gilt also: „**Wissen ist Macht – Information ist Macht und Geschwindigkeit!**"

Für den Winzer gilt: Warte nicht auf den Erfolg, verursache ihn konsequent! Nicht im Betrieb sitzen und Tee/Wein trinken, sondern aktiv etwas bewegen!

Sieben ausgewählte Trends für den Weinbauern

- **Authentizität:** Dies bedeutet, sein „Handwerk" nicht nur ehrlich und professionell zu betreiben, sondern auch erlebbar zu machen. Maximale Glaubwürdigkeit vorleben ist die Devise! Authentisch sein betrifft aber nicht nur die Weine selbst, sondern geht weit darüber hinaus. Die gesamte Kommunikation (die eigene Person mit eingeschlossen), der Preis, der Weg zum Weinliebhaber und vor allem das eigene Umfeld (Weinkeller etc.) sind davon entscheidend beeinflusst. Authentisch bedeutet aber auch das bewusste Besinnen auf die eigenen Stärken, das konsequente Weiterentwickeln dieser Stärken zur Kernkompetenz und ein eindeutiges, unverwechselbares, extremes Profil. Authentisch sein bedeutet aber auch, Mut zum „Nein-Sagen" haben, denn das Nein ist einem authentischen Weinbauern nicht nur erlaubt, sondern notwendig. Authentische Weinbauern werden in Zukunft vor allem von jüngeren Weinkulturliebhabern und aktiven Erlebnis- und Abenteuersuchenden in Anspruch genommen werden. Authentisch sein hat aber auch etwas mit Stolz zu tun: stolz zu sein auf das, was man tut; stolz zu sein auf Produkte und Kunden! Wenn man als Winzer auf diesen Trend setzt bzw. diesen Trend ernst nimmt, ist es notwendig, immer wieder entsprechendes Bildmaterial zu haben (für Vermarktung und Kommunikation), auf dem Menschen zu sehen sind. Diese Menschen werden dann mit den Produkten und Leistungen gleichgestellt und bleiben so im Langzeitgedächtnis der Kunden haften. Daher sind die sichtbaren Menschen nicht irgendwelche, sondern der Winzer, seine Familie und seine Mitarbeiter.

- **Retro:** Die Wiederbelebung alter Weinsorten und der Trend, das „gute Alte" wieder wachsen zu lassen, führt zu einer Sortimentsbereicherung für Romantiker. Familientraditionen, Regionstraditionen, Weintraditionen und sonstiges aus der Vergangenheit (oftmals zurück zu den Wurzeln) ist ein Wunsch von Kunden auf der Suche nach Sinn. Diese Sinnsuche beginnt nicht selten in der Vergangenheit und bedeutet ein Bewahren, Retten und Unterhalten von historischer „Altheit". Bausubstanzen (Weinkeller, Gebäude) sind ebenso gemeint wie das Hegen und Pflegen der Vulgonamen usw. Retro steht aber auch für Harmonie zwischen den Zeiten – über Generationen hinweg. Also beinhaltet Retro auch die soziale Familienkomponente. Die eigene Familiengeschichte zu kennen und weiterzuerzählen, ist ein Beitrag zum Finden von guten alten Inhalten. Die Trends Retro und Authentizität können miteinander aber auch professionell kombiniert werden und so zu mehr Kunden, mehr Treue, ein Mehr an Lebensfreude und Lifestyle beitragen. Der gewählte Schrifttyp, die Inhalte sowie das Verwenden von „Antiquitäten" sind dabei unerlässliche Tatbestände.

- **Weniger ist mehr:** Klarheit und Einfachheit werden in Zukunft stärker nachgefragt werden (eine neue Kundschaft ersetzt den traditionellen „Weinklubgedanken"). Ein zu breites und tiefes Sortiment führt oftmals zur Verwirrung des Kunden (nicht nur der Endkunden, sondern auch der Händler, Vinotheken, Kunden usw.). „Verwirrte" (zu viele Angebote gleichzeitig, keine Entscheidung ist mehr leicht) suchen sich eine andere Lösung. Dies gilt auch für Verkostungen, Weinkellerführungen, Vinothekpräsenzen und Weinkulturhäuser. Es ist eine Serviceleistung des 21. Jahrhunderts, den Menschen Entscheidungen zu erleichtern. Das Vereinfachen von Sortimentsbreite und -tiefe ist für den Weinliebhaber eine echte Dienstleistung. Auch Glaubwürdigkeit und Professionalität sind dadurch entscheidend positiv beeinflusst. So entstehen neue Kennerschaften (reale und virtuelle), vor allem Kennerklubs, die nicht nur Wissenszuwachs miteinander teilen, sondern vor allem gemeinschaftliche Erlebnisse haben. Der Freizeitwert und der Spaß- und Funfaktor müssen vergleichsweise hoch sein. Diese neue Einfachheit kann aber auch entscheidend auf die Produktion einwirken. Insofern wird „Hightech" (viel professionelle Winzertechnik) vor allem durch „Hightouch" (Entscheidungshilfe, Sicherheiten usw.) ersetzt bzw. ergänzt. Vereinfachung in der gesamten Wertschöpfung trägt zur Lebensqualitätsverbesserung bei. Sinnvolle Kooperationen können über Winzer hinweg Kennerschaften forcieren. Von der regionalen bis hin zur internationalen Kennerschaft – alles ist möglich!

- **Individualität:** „Mein Wein bin ich!" oder „Zeig mir was du trinkst und ich sage dir, wer du bist!" Individualität zählt nicht nur beim Endkunden, sondern auch im Business-to-Business-Bereich (Wein als Geschenk, Wein als Anreiz) und natürlich auch auf allen

Zwischenstufen im Vertrieb. Individualität ist oftmals nicht so sehr über Geschmack erreichbar, sondern vielmehr über Gestaltung bzw. andere Gestaltung (z.B. Etiketten). Individualität kann dazu führen, dass regionale Künstler, Fotografen, Farbdesigner, Designer und Gestaltungsarchitekten mit einbezogen werden. Aber auch Kunden (nicht nur Hobbykünstler) können hier einen Individualisierungsbeitrag leisten. Geburtstagsweine, Namensweine, Kunstweine usw. sind nur wenige Beispiele. Individualität kann sich aber auch in Weinpräsentation und Verkostung wiederfinden. Glaskultur, Verpackungskunst, Versandmöglichkeiten, Online-Infos und Online-Bestellmöglichkeiten geben den Menschen das Gefühl der Einzigartigkeit. Jeder träumt davon, ein wertvolles Unikat zu sein. Durch den Weinbauern, seine Produkte und Leistungen, ist dies zumindest auf kurzen Lebensstrecken möglich. Individualität kann aber auch zu ungewöhnlichen Kooperationen führen und zu einzigartigen Events, Veranstaltungen und Ereignissen. Individualität erfordert aber auch eine entsprechende Geisteshaltung beim Winzer. Nicht Masse, sondern Klasse sind hier beschreibende Worte für alle Tätigkeiten. Als Dankeschön für diese Denkhaltung erhält man von allen Seiten eine Vielzahl von Ideen geliefert – denn wer sich als Unikat fühlt, erzählt gerne kreative Ideen. Individualität entsteht oftmals durch intensiven Dialog und „Just-in-time"-Gestaltungsmöglichkeiten.

• **Gesundheits- und Wellnesstrend:** „Ein Glas Rotwein – Gesundheit allein!" ist eine Möglichkeit, Wein und Gesundheit miteinander zu kombinieren. Es geht aber um mehr: nicht nur um einen kurativen Ansatz, sondern um den präventiven Gesundheitsansatz. Gesundheit bzw. Wellness ist geistiges, seelisches, soziales, körperliches und individuelles Wohlbefinden, wobei hier jeder seinen individuellen Maßstab hat. Wein ist eine Möglichkeit, diesen Harmoniezustand zu begünstigen. Dieser Trend ist die Kombination bzw. das ganzheitliche systemische Denken zwischen Essen und Trinken. Er ist daher nur lebbar, indem man ihn im gesamten Bereich der Ernährung (mit Genuss), der Bewegung und der Seele stattfinden lässt. Gesundheit ist auch ein Resultat der positiven Reize und der Sinnesorgane. Insofern leistet der Weinbauer einen sinnvollen Beitrag, wenn alle Reize, die er aussendet, zur Harmonie der Menschen beitragen. Vor allem im Bereich Hotelgewerbe und Gastronomie wird dieser Trend eine zunehmende Rolle spielen und kann damit zu erfolgreichen Kooperationen führen. Die

Trends Individualität und Wellness sind miteinander erfolgreich kombinierbar (Trestertherapie und Wein).

- **Spaß/Fun:** Ein Teil der neuen Gesellschaft will uneingeschränkten Spaß. Diese Personengruppe ist altersmäßig nicht eingrenzbar. Auch in der Zielgruppe 50 + finden sich zunehmend lebenslustige Freude- und Spaßsuchende. Auch in der Gruppe der Singles ist Spaß erleben ein Motivationsfaktor, für den man gerne auch etwas mehr Geld bezahlt. Spaß ist oftmals das Ventil zur Monotonie und reiner, professioneller Ernstheit – insofern eine Reaktion auf die Wirtschafts- und Arbeitswelt. Aber auch in der Berufswelt finden Spaß und Freude zunehmend Beachtung – denn die Produktivität steigt mit zunehmender Freude an der Arbeit. Firmenausflüge, Firmenfeste (mit und ohne Kunden) und spezielle Anreize sind nur einige Beispiele. Die Dosis von Spaß und Freude ist im Zeitablauf zu steigern bzw. darf niemals reaktanz auftreten. Reaktanz bedeutet soviel wie abstumpfen bzw. nicht mehr wahrnehmen, da man es bereits kennt bzw. man es als Grundvoraussetzung annimmt. Damit sind Spaß und Freude Garanten für schnelle Innovation und Veränderung. Ein Weinlehrpfad oder Weinerlebnispark – von der Traube bis hin zu umfassenden Dienstleistungen – wäre vor allem für den Tourismus eine Situationsverbesserung.

- **Wine-Surfing:** Die Benützung des Internets ist eng mit „Homing" und „Cocooning" gekoppelt: Es gibt virtuelle Verkostungen, rund um die Uhr und 7 Tage die Woche inklusive Logistiklösungen – da lacht das Herz des Internetfreaks. Virtuelle Marktplätze ersetzen reale, Abenteuer spielen sich vor allem im Kopf oder in den eigenen vier Wänden (Büro oder daheim) ab, es finden innovative Freizeitgestaltungen statt, Essen und Trinken spielt dabei eine zentrale, virtuelle Rolle. Es sind vor allem Singles und ältere Personen, die in diesem Surfing Weingenuss erleben. Vor allem gilt es, die Gesetze der neuen Medien zu beachten. Kurz, prägnant, originell und auch provokant sind nur einige Worte, die den idealen Internetauftritt beschreiben.

Zusammenfassung:
Natürlich kann man nicht alle Trends gleichzeitig beachten. Es geht darum, einen Trend, an den man glaubt, herauszufiltern und diesen Trend in allen Aktivitäten sichtbar und spürbar weiterzutragen, so dass dieser – mit Herz und Hirn bewusst gewählte Trend – zu einer Tatsache werden kann.

Produktanalyse

Qualität beginnt nicht – wie vielfach behauptet wird – im Weingarten, sondern schon viel früher, nämlich im Kopf. Qualität ist, was Wein betrifft, in seiner Grundlage vom Gesetz her geregelt, aber letztendlich das, was der Kunde dafür hält und wofür er auch bereit ist, Geld auszugeben.

Qualität beginnt im Kopf

„Kleider machen Leute" heißt es und somit ist Qualität die notwendige Basis und Voraussetzung für jeden Winzer, um darauf aufzubauen. Die Aufmachung muss die Qualität des Produktes widerspiegeln; die Ausstattung vom Etikett über Kapsel und Flasche darf nicht diametral verschieden zum Auftreten des Betriebes, zum Auftreten des Winzers und zur Philosophie des Betriebes stehen. Es wäre kontraproduktiv, ein mittleres Produkt modisch und teuer „aufzumotzen", wenn der Kunde anschließend in der Erwartungshaltung enttäuscht wird.

Ein enttäuschter Kunde gibt seine negativen Eindrücke an deutlich mehr Bekannte weiter als ein zufriedener seine positiven Erfahrungen! Deshalb ist es manchmal – speziell für bekannte Betriebe – sogar von Vorteil, „Understatement" zu betreiben. Protz und Eigenlob wirken immer abstoßend.

Primär muss jeder Winzer seine eigene Linie finden, um sich mit seinem Produkt und seiner Aufmachung identifizieren zu können. Produkt und Qualität müssen eine Einheit bilden. Auch wenn zwei oder mehrere Generationen in einem Hause tätig sind, müssen sich alle damit identifizieren können. Oft gilt es, einen Kompromiss zu finden, indem das Know-how der älteren Generation mit dem Ideenreichtum und der Innovationskraft der jungen Generation ein harmonisches Ganzes bildet.

seine eigene Linie finden

Innovationskraft

„Weniger ist oft mehr": Ein Weinsortiment sollte den Kunden nicht verwirren. Daher geht es primär um übersichtliche Gestaltung, Konzentration auf das Wesentliche und auf die Stärken des Produktes und des Betriebes. So sollten beispielsweise nur die besten und bekanntesten Lagen dies als Zusatzbezeichnung tragen.

Von einem Wein etwas mehr zu haben ist oftmals günstiger, als wenn das Produkt innerhalb kürzester Zeit ausverkauft ist. Man ist aber gefordert, innerhalb des Sortiments eine Spitze zu definieren, wobei es wichtig ist, herausragende Produkte mutig mit einem angepassten Preis zu versehen. Dies lässt das weitere Angebot günstiger aussehen.

In der Sortimentspolitik gehen wir meist andere Wege als die romanischen Länder, wo es eher üblich ist, einen Hauptwein zu haben, an dem qualitativ konitinuierlich gearbeitet wird und von dem es auch große Mengen gibt. Daneben stehen Zweit- oder Drittweine, während bei uns in der Regel eine Vielfalt – manchmal zu viel des Guten! – angeboten wird. Zu umfangreiche Angebote sind meist schwer erklärbar und hindern den Kunden in der Entscheidungsfindung.

„Wissen ist Macht – Weinwissen ist im Trend": Das Einkaufsverhalten ändert sich laufend. Heute ist es längst nicht mehr üblich, sich als Stammkunde auf einen einzigen Winzer zu konzentrieren, sondern man kennt sich aus, hat viel gelesen, Verkostungen besucht und geht auf Entdeckungsreisen: hier ein Rotwein, dort ein trockener Riesling und woanders ein Prädikatswein. Neues kennen lernen, Geheimtipps entdecken, **beim In-Thema Wein mitreden** können, zur Weinszene gehören – das ist heute vielfach angesagt.

Um Kunden anzulocken, ist es wichtig, Produkte mit einem hohen **Zusatz- und Prestigenutzen anbieten**, wobei höherpreisige Segmente bevorzugt werden und auch bei größeren Mengen wertvoll und rar erscheinen. Diese Verknappungsstrategie wird vielfach auch von Großbetrieben, die Flaschenauflagen in sechsstelliger Zahl produzieren, erfolgreich praktiziert.

Premium verkörpert Kernkompetenz und schafft durch Mundpropaganda in der genussfreudigen und prestigeträchtigen Zielgruppe eine kostengünstige Werbung.

Aufgabe dieses Top-Sortiments ist es, die Kunden **vom Billigkäufer zum Qualitätskäufer** umzuleiten und vom Preis-Mengen-Denken zum Qualitätsdenken zu bewegen. Solche Produkte sind sicher eher für Imageaufbau als für große Umsätze geeignet, aber es wird auch fast jeder Journalist eher über Spitzenprodukte schreiben als über die breite Masse. Jeder Weinfreak wird lieber über seine so genannten Garagenweine schwärmen, auch wenn er sie nie verkostet hat. Dazu ist es notwendig, mit großem Selbstbewusstsein hinter seinen Angeboten zu stehen.

„Nischen und Trends": Neben dem Kernsortiment, dessen Schwerpunkt sich nach Gebiet und Positionierung des Betriebes richtet, hat auch ein Randsortiment mit einer großen Bandbreite seine Berechtigung: Traubensaft, Traubenlikör, Edelbrände, Sekt, Prädikatsweine, Weinessig, Gelees und Marmeladen, Traubenkernöl bis hin zu Boutique-Accessoires rund um den Wein.

Die Angebotspalette richtet sich primär sicher nach der Lage, nach den Voraussetzungen und Möglichkeiten des Klimas und Bodens, aber auch nach den Trends, wobei es bei der Weingartenumstellung nicht so einfach ist, Trends vorauszuahnen. Noch erlaubt es die Natur nicht – und das ist gut so – , Kehrtwendungen zu machen oder wie das Fähnchen im Wind zu agieren. Nach wie vor ist der Beruf des Winzers mit großer Verantwortung gegenüber Natur und Tradition verbunden.

Trends

Während früher Trends einen weitaus längeren Lebenszyklus hatten, ist die Mode heutzutage schnelllebig. Wichtig ist es, bei den „Pionieren" einer Modewelle dabeizusein.

- **Aktives Marketing** heißt Trends schaffen und Marktnischen vorausfühlen. Es bedarf einer dynamischen Organisation.
- **Passives Marketing** heißt Trends erkennen und zum richtigen Zeitpunkt und nicht zu spät bei einer Modewelle mitmachen (z.B. rechtzeitige Sortenumstellung, klassischer Weinausbau oder in Barriques usw.)

Die konkreten Maßnahmen (Soll-Situation)

Nach der Situationsanalyse, Ideensammlung und Produktanalyse wird die weitere Entwicklung des Betriebes in realisierbar zuordenbaren Zeiträumen abgesteckt, wobei für jeden Betrieb eine klare Zielhierachie formuliert werden sollte.

Um die Zukunftschancen zu prognostizieren, sollten die relevanten Marketingformen ermittelt werden. Trends sollten möglichst visionär vorausgeahnt werden.

- Marketingziele: Wo will ich hin?
- Rentabilitätsziele: Was kann ich verbessern?

- Finanzielle Ziele: Wie kann ich wirtschaftlich arbeiten?
- Soziale Ziele: Wie gelingt die harmonische Zusammenarbeit?
- Prestigeziele: Wie schaffe ich Image?

Der finanzielle Erfolg und die Gewinnoptimierung wird sicher von vielen Betrieben als wichtigstes Ziel angesehen.

verkaufen heißt mit Menschen eine Beziehung aufbauen

Verkaufen heißt mit Menschen eine Beziehung aufbauen, mit Menschen kommunizieren, die Bedürfnisse und Vorstellungen anderer Menschen verstehen lernen, andere Menschen ernst nehmen, offen und ehrlich sein. Verkaufen heißt aber auch den Kunden überzeugen, nicht überreden, dem Kunden helfen, das zu kaufen, was er kaufen will, das Weinangebot erleben lassen und zum Handeln ermutigen, dem Kunden treu sein und die Kaufentscheidung bestätigen.

Verhaltenspläne zur Erreichung der Marketingziele

Für all dies gibt es viele Strategien: Sie sind Mittel und Wege zur Zielerreichung. Strategie heißt, bedingte oder längerfristige Verhaltenspläne zur Erreichung der Marketingziele auszuarbeiten. Es gibt allerdings keine allgemein gültige Strategie, wobei mit den wichtigsten Strategiefragen die eigenen Fähigkeiten und Stärken zum Kundennutzen umgewandelt werden.

- Was können wir besonders gut – z.B. Hervorhebung von Leitsorten eines Gebietes, Spezialisierung auf bestimmte Weintypen (Altwein, Jungwein usw.).
- Was können wir besser – z.B. Hervorhebung von Lagen, Fortschritte in der Technologie oder besondere Fähigkeiten (persönlicher Kontakt, kommunikative Talente usw.)
- Was gelingt uns besser als unseren Mitbewerbern – z.B. individuelle Ausstattung, Positionierung in einem speziellen Segment (Natur, Wellness, Gesundheit und Ökologie, Wein als kulinarischer Begleiter)

seine Strategie verbessern

Immer wieder sollte man seine Strategie, basierend auf den Stärken des Betriebes und den Wünschen der Konsumenten, verbessern.

Nur dann werden Maßnahmen zielbewusst durchgeführt, Mittel sinnvoll eingesetzt und somit bestimmte Probleme für die Kunden besser gelöst werden als durch den Mitbewerber.

Nach dieser Ist-Situationsanalyse sollten Maßnahmen ergriffen werden, um die eigenen Stärken zu verbessern und die angepeilten Zielgruppen noch besser anzusprechen. Grundvoraussetzung ist also, zuerst die eigene Position zu finden, um sich danach mit dem Leitbild und der Betriebsphilosophie zu identifizieren.

Auf der Suche nach neuen Lösungen

Am Beginn steht immer eine Vielzahl von Ideen – sowohl kreative Verfahren als auch logische Verfahren eignen sich, um Ideen zu produzieren.

am Beginn steht immer eine Vielzahl von Ideen

Bei den **kreativen Verfahren** spielen vor allem „Brainstorming" und die „Methode 6-3-5" eine zentrale Rolle.

Brainstorming

Der wesentlichste Vorteil beim „**Brainstorming**" liegt darin, dass verschiedenste Menschen (Weinbauern, Händler, Genießer usw.) gemeinsam miteinander über ein Thema nachdenken. Daher ist die Zusammensetzung der Teilnehmer besonders wichtig. Unterschiedliche Zugänge und Verhaltensmuster sind im Vorfeld abzuklären, damit genau diese Diskrepanzen für die Sitzung herangezogen werden können.

Weiters ist dabei wichtig, dass man einige Spielregeln einhält:

1. **kreative Tageszeit** wählen (z.B. 9.00 Uhr Vormittag oder 15.00 Uhr Nachmittag – viele Menschen haben zu diesen Tageszeiten ihr Biorhythmushoch)
2. **keinerlei Störungen** und **Ablenkungen** (Handys!)
3. **ansprechendes Ambiente** (Licht, Luft, bequeme Sitzgelegenheiten und ergonomische Sitzhaltung)
4. maximale **Dauer** mit **30 Minuten** festlegen (inklusive Einstimmung; danach sind viele Menschen kreativ erschöpft)
5. **keinerlei Beurteilungen** der einzelnen Ideen während der Brainstorming-Sitzung (weder positiv noch negativ!)
6. alle Ideen sind sofort **sichtbar** (aufgezeichnet); daher kann man bestehende Ideen besser aufgreifen und „weiterspinnen"
7. maximale Teilnehmerzahl mit **6 bis 8 Personen** begrenzen; bei dieser Teilnehmerzahl sind (zumindest) 2 Aufzeichner nötig

Die besten Erfolge beim „Brainstorming" erzielt man durch mehrmaliges Wiederholen, wobei zwischen den einzelnen Sitzungen der Abstand auch ein halbes Jahr sein kann.

Kreativität setzt Vertrauen voraus, weshalb die Teilnehmer nicht nur aus unterschiedlichen Bereichen kommen, sondern sich auch sympathisch finden sollten, so dass ein Klima des Vertrauens entstehen kann.

mehr als 100 Ideen

Bei erfolgreichen Brainstorming-Sitzungen gibt es in der Regel mehr als 100 Ideen, da Quantität vor Qualität steht. Die Ideen können sich auf das Produkt „Wein", aber auch auf Details (Etikett, Flaschenform, Farbe usw.) beziehen.

Nach erfolgtem Brainstorming wird mit allen Ideen weitergearbeitet. Die Vielzahl der Ideen wird bewertet und in eine Rangreihung gebracht. Bei der Bewertung bzw. Beurteilung spielen vor allem die Weinbauern-Position, das Profil der Weinbauern und ihre Stärken eine entscheidende Rolle.

Die Idee ist ja wiederum das Resultat einer vorhandenen Vision und vorhandener Verhaltensgrundsätze. Eine Idee ist dann als passend und weiterverfolgbar zu identifizieren, wenn sie die Position des Weinbauern am Markt stärkt und einen Beitrag zur Kundennähe liefert. Auch spielen bei der Bewertung finanzielle Gegebenheiten eine Rolle. Sollte man eine sehr gute Idee nicht alleine umsetzen können, ist dies der richtige Zeitpunkt, um Kooperationspartner zu suchen und zu finden. Auch die zeitlichen und personellen Ressourcen eines Weinbaubetriebes spielen eine zu bewertende Rolle, wenn es um die Erstellung dieser Rangreihe geht.

Trotz aller Filterungen bleibt eine Tatsache bestehen: Es ist eine nicht delegierbare unternehmerische Aufgabe, sich für eine Idee zu entscheiden. Der Prozess von der Ideenfindung bis zur Ideenauswahl ist zumindest mit einer Zeitdauer von 6 bis 8 Wochen anzusetzen (oftmals dauert es auch länger).

Methode 6-3-5

Die „**Methode 6-3-5**" liefert insbesondere im Vergleich mit Brainstorming weniger Ideen, allerdings sind durch die neuen Medien auch Ideen aus anderen Kontinenten (Südafrika, Amerika, Chile usw.) miteinbeziehbar.

6 Personen (egal welcher Nationalität, auch Experten gewünscht!) kommen entweder zusammen oder lesen und beantworten E-Mails. Bei unterschiedlicher Sprache empfiehlt es sich, immer entsprechende Übersetzungen vorzunehmen. Sechs Personen schreiben je drei Ideen auf, woraus sich dann eine Art „kreative, stille Post" ergibt. Die drei Ideen kommen zur nächsten Person und diese schreibt weitere drei Ideen dazu. So hat man am Ende

sechs Dokumente, auf denen schließlich 18 Ideen stehen. Diese werden dann bewertet und in eine Rangreihe gebracht. Daraufhin erfolgt die Entscheidung für eine Idee.

das Resultat sind 18 Ideen

Bei der „**Funktionsanalyse**" geht es vor allem darum, die einzelnen Funktionen des Angebots zu erkennen – von der Ernte (Erlebniswert) bis hin zum Verbrauch (Genuss) in der Gastronomie. Funktion zu Funktion wird kritisch hinterfragt, inwieweit es Verbesserungsmöglichkeiten gibt. Z.B. könnte hier die Kartoneinheit für die jeweilige Zielgruppe kritisch bewertet werden.

Funktionsanalyse

Bei der „**Systemanalyse**" versucht man, alle Systeme zu beachten, die für zukünftige Lösungen interessant sind. Es spielen dabei also nicht nur die Trinkgewohnheiten des Konsumenten, sondern auch das Verhältnis zu antialkoholischen Getränken, zu Ernährungstrends und neue Ernährungserkenntnisse neben Verhaltensmustern und Ausgabeverhalten eine große Rolle. Auch Markentreue, Markenwert und Image haben eine nicht zu vernachlässigende Einflussgröße.

Systemanalyse

Alle drei bis fünf Jahre sollte man zumindest eine unhistorische, völlig neue Lösung am Markt anbieten. Je öfter, umso besser, da vor allem Genusstrinker und aktive Ambienteliebhaber Innovationen im kurzen Zeitabstand (innerhalb von 8 bis 12 Monaten) zu schätzen wissen.

alle drei bis fünf Jahre eine völlig neue Lösung am Markt anbieten

Je nachdem, ob man die rechte oder linke Gehirnhälfte ansprechen will, ob man logische oder kreative Lösungen finden will – es ist keine Schande, Experten einzuladen, ob zur Hilfestellung, zur Auswertung oder zur Bewertung von Ideen.

es ist keine Schande, Experten einzuladen

> *„Es ist nicht genug zu wollen, man muss es auch tun."*
> *(J. W. Goethe)*

Der Marketing-Mix

Produktgestaltung und Angebot

Es gibt kein richtiges oder falsches Weinprodukt – es gibt nur ein Produkt und eine Leistung, welche die Zielgruppe aktiviert, motiviert, oder zum Kauf veranlasst.

für die verschiedenen Weingenießer Lösungen anbieten

Die zentrale Aufgabe in der Produktpolitik rund um den Wein ist es, für die verschiedenen Weingenießer Lösungen anzubieten.

Lösungen für Menschen sind immer objektiv nachvollziehbar (z.B. Flasche, Etikett usw.), darüber hinaus aber auch subjektiv spür- und merkbar. Das Produkt „Wein" ist dadurch gekennzeichnet, dass es alle Sinnesorgane anspricht:
- Man sieht etwas (Flaschenform, Etikett, Farbe des Weines usw.),
- man kann das Produkt direkt oder indirekt angreifen (Temperatur der Flasche bzw. im Glas usw.),
- man kann das Produkt riechen (die Nase erfreut sich am Duft),
- man kann es durch die Geschmacksrezeptoren auf Zunge und Gaumen schmecken
- und man kann es durch Erklären oder am Klingen der Gläser hören.

Die zentrale Aufgabe in einer umfassenden Produktgestaltung liegt darin, das Produkt für alle Sinnesorgane tauglich zu machen. Werden alle Sinnesorgane angesprochen bzw. aktiviert, entsteht ein nachhaltiger Eindruck. Diese Präferenzen sind bei zunehmend steigendem Angebot entscheidende Erfolgsmerkmale. Präferenz und Treue aus der Sicht des Weintrinkers hängen eng zusammen. Sobald man ein neues Weinprodukt oder ein verändertes Weinangebot kreiert hat, gilt es, diese Innovation schnell und entsprechend nachhaltig am Markt zu positionieren.

Idealerweise soll diese Markteinführung sehr kurz sein. Es geht darum, dass die bewusst ausgewählte Zielgruppe möglichst schnell und umfassend von der neuen bzw. veränderten Leistung erfährt. Spätestens zu diesem Zeitpunkt sollte der Winzer die Notwendigkeit von Kunden- bzw. Interessentendateien erkennen und Pressekontakte, Kontakte zu Gesellschaft, Wirtschaft und Politik sowie Verbindungen zu „Opinion Leaders" herstellen.

All diese Informationen führen über die Zielgruppe hinaus zu einer möglichst breiten Bekanntheit und stellen gleichzeitig eine aktive Imagepflege dar.

aktive Imagepflege

Während man davon ausgehen kann, dass die **Einführungsphase** (Phase 1) auf einige Wochen begrenzt ist, sollte man intensiv darüber nachdenken, wie man die darauf folgende **Wachstumsphase** (Phase 2) zeitlich verlängern kann. Wachstum bedeutet für den Winzer Gewinn, bedeutet aber auch Attraktivität und ist der ideale Zeitpunkt, um über weitere Verbesserungen nachzudenken.

Verbesserungen und Veränderungen beziehen sich oft nicht nur auf das Produkt selbst, sondern vielmehr auf Verpackung bzw. werblichen Auftritt. Wichtig dabei ist, dass der Winzer in dieser Phase einer ständig gesteigerten Attraktivität bereits einen Schritt weiter ist. In der Fachsprache bezeichnet man dieses Nachdenken über Veränderungen und Verbesserungen **Relaunch**.

Die nachfolgenden drei Phasen sind solche, die entweder aktiv genutzt werden müssen oder (vor allem die letzten beiden) äußerst kurz sein sollten. Am Ende der **Reifephase** (Phase 3) sind idealerweise schon Nachfolgelösungen für Kunden da.
Sättigungsphase (Phase 4) und **Degenerationsphase** (Phase 5) erlebt man kurz und ohne viele Investitionen.

Wichtig ist: Nur in den ersten beiden Phasen ist Kommunikations- und Informationsarbeit zielführend. In diesen Phasen hat man Botschaften, es sind Attraktivität und Mehrumsatz möglich. Auch preislich gesehen sind diese beiden Phasen die wesentlichsten auf dem Weg zum Gewinn.

Kommunikation bedeutet in diesen Phasen aber auch das Intensivieren der gewählten Vertriebswege. Theoretisch kann man auf vielen Wegen zum Weintrinker gelangen; in der Praxis zeigt sich immer deutlicher, dass es einen Hauptweg geben muss und zwei Nebenwege möglich sind (Ausnahme sind Vertriebskooperationen).
In den Phasen 4 und 5 ist eine aktive Preispolitik nicht erforderlich.

Wichtig ist beim Preis: Wenn man in den ersten beiden Phasen eine zu aktive, intensive, oft auch Dumping-Preispolitik betreibt, entwertet man nicht nur seinen eigenen Wein und schadet der gesamten Branche, sondern man erreicht die Gewinnzone viel später oder gar nicht.

Preis und Qualität sind das Fundament des erfolgreichen Weinguts

Preisaktivitäten in größerem Umfang empfehlen sich erst dann, wenn sich die Attraktivitäten verändert haben oder andere Zielgruppen gesucht und gefunden wurden. Preis und Qualität sind das Fundament des erfolgreichen Weinguts.

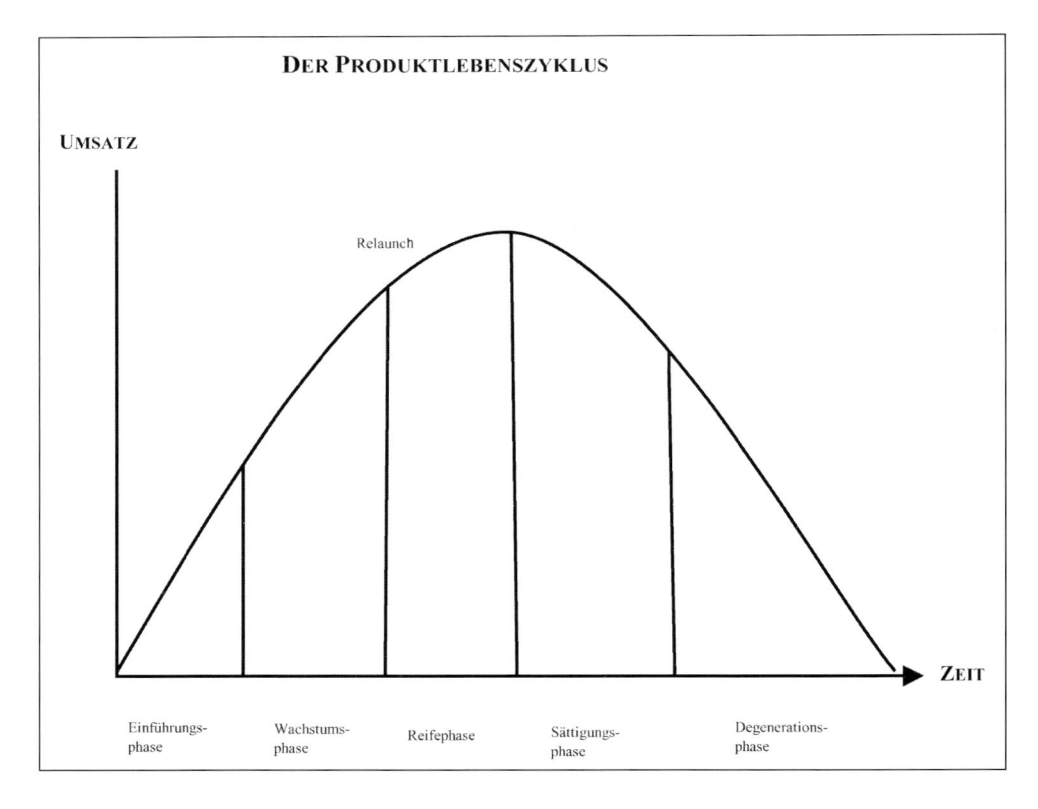

DER PRODUKTLEBENSZYKLUS

UMSATZ — Relaunch — *ZEIT*

Einführungsphase | Wachstumsphase | Reifephase | Sättigungsphase | Degenerationsphase

Eine weitere Möglichkeit abseits von Innovationen besteht darin, dass man bestehende Lösungen dynamisch verändert.

Wichtig ist: Jede Veränderung bzw. Zunahme von Varianten ist nur dann sinnvoll, wenn der Kern der Weinlösung noch attraktiv ist!

	Einführung	Wachstum	Reife/Sättigung	Rückgang
	Eigenschaften			
Umsatz	gering	schnell wachsend	langsamer wachsend	rückläufig
Gewinn	negativ	schnell wachsend	rückläufig/negativ	rückläufig/negativ
Cash-Flow	negativ	mittel	hoch	mittel

Bei gesunkener Attraktivität empfiehlt sich oft ein anderes Nachfolgeprodukt, wobei Attraktivität immer das Resultat der gefühlsmäßigen Einschätzungen und Bindungen einer Zielgruppe an eine lieb gewonnene Lösung ist. Hohe Attraktivität bedeutet nicht nur eine hohe Selbst-Inanspruchnahme (Kauf), sondern darüber hinaus positives Weitersagen und Empfehlen und damit Wertschätzung dem Anbieter gegenüber. Diese Wertschätzung ist die Grundvoraussetzung für strategische Partnerschaften und sichert Vertrauen.

Wertschätzung ist Grundvoraussetzung

Solche Veränderungen können sich auch im Logo, in der Namensgebung, Flaschenform, Verarbeitungsart usw. vollziehen. Jede Veränderung muss zwangsläufig eine Verbesserung für den Kunden bedeuten.

Weinspezifische Aspekte in der Produktpolitik

Logo und Slogan

Ein Logo soll die Orientierung des Betriebes zeigen und damit die Stärken symbolisieren. Es muss eigenständig, unverwechselbar, leicht erlernbar, glaubwürdig und sympathisch sein sowie einen hohen Erinnerungswert haben.

Orientierung zeigen und Stärken symbolisieren

Es muss grafische Mindestanforderungen erfüllen, d.h. leicht lesbar, verkleiner- und vergrößerbar, farbig und schwarz-weiß verwendbar sowie plakativ sein.

Gute Logos entwickeln sich bei entsprechender Bewerbung zu „Marken", die bis auf wenige Ausnahmen nach einer gewissen Zeit einer grafischen Anpassung unterzogen werden sollten.

Logo und Slogan sollte man nie isoliert voneinander betrachten; sie sind ein wesentlicher Bestandteil im CI. Corporate Identity steht für Einheitlichkeit, Wiedererkennbarkeit, Orientierung, Motivation und Glaubwürdigkeit.

signalgebende Rolle

Gerade wenn es um ein so multisensuales Produkt wie Wein geht, spielen Logo und Slogan eine signalgebende Rolle. Wort- und Bildkombinationen, den eigenen Familien- oder Weingutsnamen verwenden, Symbole aus dem natürlichen Umfeld weitergeben, einfache und merkbare Piktogramme entwerfen usw. sind nur einige ausgewählte Möglichkeiten.

Das Leben ist bunt: Unser gesamtes Denken, Fühlen und Handeln wird durch Farben entscheidend mitbeeinflusst und hilft, uns zu orientieren. Vor allem persönliche, individuelle Erfahrungen, aber auch Lebenskultur und Stil sind hier mitentscheidend.

Verbesserung der Gedächtnisleistung

Das Gesetz der Farbkonstanz besagt, dass zur Verbesserung der Gedächtnisleistung (Erinnerung und Wiedererkennbarkeit, Kaufverhalten usw.) immer wieder ganz bestimmte, gleich bleibende Farben verwendet werden sollten.

Rot bedeutet Aktivität, Wärme und Leben. Es erhöht den Pulsschlag des Betrachters und erweitert seine Blutgefäße. Rot signalisiert auch Lebensfreude und Energie. Auch Gefahrensignale sind oftmals Rot – vor allem solche, die hohe Auffälligkeit und Aktivierung verlangen. Rot- und Rosatöne in Kombination mit Grün- und/oder Brauntönen wirken für den Menschen angenehm.

Die Farbe **Blau** verlangsamt den Herzschlag. Eine Reihe von Eigenschaften wird dieser Farbe zugeschrieben. Blau kommuniziert Behaglichkeit, Vertrauen und Ruhe – ist es doch die Farbe der Treue und Entspannung.

Grün ist die Lebenssymbolfarbe und steht für Wachstum, Jugend und Energie. In Zusammenhang mit Wein wird angemerkt, dass die Farbe Grün oftmals Unreife symbolisiert.

Die hellste und bunteste Farbe ist **Gelb** – Sonnengelb. Gelb- und Orangetöne vermitteln Spaß und Freude und werden nicht nur im Sprachgebrauch gleichgesetzt. Auch die Kombination Schwarz-Gelb ist erwähnenswert, sind doch alle Giftsymbole in dieser Farbkombination gehalten.

Schwarz und **Violett** sind die Farben der Macht; Violett darüber hinaus die Farbe für Originalität und Mode.

Braun wird nur durch andere Farben belebt und ist für sich alleine nicht verwendbar.

Gold und **Silber** nehmen eine Sonderstellung ein, wobei Gold Hochwertigkeit signalisiert und Silber Abstraktion, Distanz und Technik.

Auch Geschmacks- und Geruchsempfindung sind durch Farbwahl beeinflussbar. So wirken Grün oder Blau kalt, Rot- und Gelbtöne warm.

Die gute Lesbarkeit (Schriftgröße, Schrifttyp usw.) ist ebenso wichtig wie die Konzentration auf einige wenige Farben. Jede Farbe braucht Platz; Hintergrundfarben sollten eher hell sein. Klare Farbkontraste und Farbkombinationen sind ebenso nicht zu unterschätzen.

gute Lesbarkeit

Idealerweise ist das Logo eine Wort- oder Wort-Bild-Kombination, leicht merkbar und mit einem hohen Wiedererkennungswert versehen.

hoher Wiedererkennungswert

Nicht jeder Winzer muss einen Slogen haben, manchmal reicht die Bezeichnung (Vulgo-Name, Hänge, Rebe usw.) schon aus. Wird ein Slogan verwendet, sollten dies aktive Sätze oder Satzteile bzw. Erklärungen an den Kunden sein. Ein einmal gefundenes Logo (und Slogan) sollte über längere Zeit beibehalten werden. Jede Veränderung sollte darauf aufbauend behutsam durchgeführt werden.

Flaschenform und Farbe

Sowohl Flaschenform als auch Glasfarbe in Kombination mit den gestalteten Etiketten sind Signale an den Kunden. Die Bordeaux-, Burgund-, Tokaj-, Rheinwein- oder Steiermark-Flasche sind nur einige ausgewählte Beispiele.

Signale an den Kunden

Bei der Auswahl der Flasche sollte darauf geachtet werden, nie eine Insellösung anzustreben (sei sie auch noch so attraktiv!), sondern immer eine Flaschenfamilie zu bilden, so dass der Konsument bzw. Weintrinker schon durch Flaschenform und Flaschenfarbe in Verbindung mit dem Etikett den Betrieb erkennen kann.

Etikettengröße, Anzahl der Etiketten pro Flasche sowie Etikettengestaltung sind umgekehrt immer mit der gefundenen Flaschenform und Glasfarbe in Zusammenhang zu sehen.

Vom Konsumenten erkannte Qualitätssignale sollten immer bewusst ausgenützt werden. Vor allem wenn es zu einer Lagerung der Weine kommen soll, oder zu einem animierenden Aufstellen im Verkaufsbereich, spielen Flaschenform, Glasfarbe und Etikettierung eine zentrale Kaufrolle – insbesondere in Zusammenhang mit dem Preis.

Flaschenverschluss Eine besondere Signalwirkung geht auch vom Flaschenverschluss aus. Auf die Position am Markt bzw. auf die Qualitätssignale der Zielgruppe ist daher vor allem in diesem Bereich große Rücksicht zu nehmen:

Kork Das Material Kork wirkt hochwertig. Alternativen (Kronenkork, Schraubverschlüsse usw.) lassen das Produkt eher minderwertig erscheinen, obwohl sie im Handling Vorteile bieten (denken wir nur an Mini-Flaschen in Flugzeugen usw.).

Die schon vielerorts eingesetzten Kunststoff-Verschlüsse gewinnen zunehmend an Akzeptanz, vor allem im jungen Weißweinbereich.

Alternative zum Kork Jeder, der eine Alternative zum Kork wählt, kann durch entsprechende Erklärungen beim Weintrinker der Zukunft ein entsprechendes Empfinden auslösen.

Die Flaschenadjustierung (Etikett)

Durch die Verwendung von „Einheitsflaschen" kommt dem Etikett als Ausstattungselement eine große Bedeutung zu.

Das Etikett ist zusammen mit der Weinflasche ein wichtiger Informationsträger, der sowohl gesetzliche Auflagen als auch – wegen der Vielzahl der preisgleichen Anbieter – Werbeaufgaben zu erfüllen hat:

- Produktinformation (Qualität, Herkunft, Sorte, Jahrgang)
- Produktidentifizierung (zuordnen und wiedererkennen)
- Produktdifferenzierung (Unterschied zum Mitbewerber)

Zur kreativen Gestaltung von Etiketten müssen bildliche Motive, Format und Größe, Schrift und Typografie, Farben und Layout-Elemente überlegt werden.

hohe Wiedererkennung Das Ziel sollte sein, leicht wiedererkennbare, mit der Flasche harmonierende, symbolhaft einfache und der Betriebsphilosophie entsprechende Etiketten zu schaffen, die eine hohe Wiedererkennung ermöglichen.

Bei der Verwendung von Rückenetiketten kann das Hauptetikett diese Aufgaben am ehesten wahrnehmen.

Rückenetiketten können neben den gesetzlichen Vorgaben auch Hinweise über Serviertemperatur, Trinkreife, Speisebegleitung und Informationen speziell über den Betrieb beinhalten.

Verpackung

Die Verpackung hat neben der Informationsweitergabe vor allem eine Schutz-, Lager- und Transportfunktion. Das gewählte Verpackungsmaterial ist darüber hinaus ein Signal an die Umwelt und die gesamte Gestaltung (Überverpackungen) ein Signal ans Herz des Konsumenten. Multifunktionsverpackungen – also Verpackungen, die auf vielfältigste Art und Weise Einsatz finden – werden in Zukunft beim Kauf wohl den Vorzug erhalten.

Nicht mehr der traditionelle und schwere 12er-Karton, sondern insbesondere die handlicheren 6er-, 4er- und 3er-Einheiten zum Ausprobieren und Gustieren werden zunehmend geordert. Aber auch Kartons, die die Eigenschaft haben, leicht tragbar, stapelbar und direkt als Regal benutzbar zu sein, sind Lösungen.

Auch das Material der Verpackungen steht grundsätzlich zur Diskussion. Tragevorrichtungen aus Holz oder Weide sowie trendige, bewusst ausgewählte High-Tech-Materialen (hochwertiger Kunststoff, Acrylglas) sind vielfältig einsetzbar. Vom Transport bis hin zur geschmackvollen Aufbewahrung in kleinen Küchen ohne Weinkeller sind hier Möglichkeiten. Die Verwendung nach dem Transport und die Anzahl der gesamten Reize, beginnend mit der Verpackung, sind als kaufbeeinflussend zu betrachten.

Errichtung und Gestaltung eines Verkaufsraumes

Viele Weinbauern verkaufen ihre Produkte direkt aus dem Weinkeller oder irgendeinem „Lagerraum". Auf Grund vermehrter Mitbewerber und um die eigene Produktpalette zu erweitern, sollte an einen Bau bzw. an die Adaptierung eines Verkaufsraumes gedacht werden. Weine gibt es in verschiedenen Sorten, Jahrgängen, Qualitäten und Ausstattungen – der Gast möchte das Produkt präsentiert bekommen und verkosten können.

Präsentation des Produktes

Die Errichtung bzw. Gestaltung eines Verkaufsraumes ist stets eine finanzielle Belastung, weshalb vorerst folgende Punkte überlegt sein sollten:
- Wie hoch ist der Anteil des Ab-Hof-Verkaufs?
- Wo mache ich derzeit Weinverkostungen für Kunden?

- Ist der Betrieb stammkunden- oder laufkundenorientiert?
- Was bieten meine Mitbewerber?
- Welche Summe kann/will/muss ich investieren? usw.

Nach Beantwortung dieser Fragen sind weitere Überlegungen anzustellen:
- Kann man bestehende Räumlichkeiten adaptieren?
- Welche baurechtlichen Bestimmungen gibt es?
- Wo und wie ist ein Neubau möglich?

Das Ziel ist:
Mit dieser Veränderung möchte ich den
- Ab-Hof-Verkauf erhöhen,
- professioneller arbeiten und verkaufen,
- besser vorbereitet sein und neue Kunden gewinnen,
- längerfristig einen höheren Preis erzielen.

Das konkrete Verkaufsraumkonzept:
Folgende Überlegungen sind anzustellen:
- Lage zum Gebäudekomplex, Zufahrt, Länge, Breite, Höhe
- Eingangstür
- Fenster bzw. Beleuchtung
- Garderobe
- Theke: Höhe, Gestaltung, Ablagesystem, Schreibutensilien, Taschenrechner, Kassa, EDV (Rechnung, Buchhaltung, Kundenkartei), Telefon/Fax
- Kinderecke
- Ablage für Gästebuch, Betriebs-, Orts- und Regionsprospekte
- Preislisten, Kostnotizblätter, Pressemappe, Visitkarten, Souvenirs
- Fachmagazine, Weinbücher, Kochbücher, Landschaftsbücher
- Gläser: Anzahl, Ausführung (Kost- und Wassergläser), Karaffen, Krüge und undurchsichtige Spucknäpfe, Spuckbecken mit Wasserspülung; keine Aschenbecher!
- Tischtuch (weiß) und Servietten, Brotkorb
- Korkenzieher, Folienschneider, Verschlusskorken
- Mineralwasser, Obst- bzw. Fruchtsäfte
- Boden: Holz, Steingut, Ziegel, Fliesen
- Sitzgelegenheiten: Pult, Tisch und Sessel. Zu beachten sind Material, Robustheit und Pflege.
- Stromanschluss: Anzahl und Platzierung der Steckdosen, Absicherung, TV-Video

- Licht: Tageslicht, direkte bzw. indirekte Beleuchtung, richtige Platzbeleuchtung
- Wasseranschluss: Spülbecken, Gläserspüler, Warm- und Kaltwasser, Boiler
- Heizung: Einbindung in bestehendes System, Neuplanung, Heizkörper und/oder Bodenheizung, Temperatursteuerung
- Weinvorrat: vom Keller direkt erreichbar? Weinklimaschrank, Kühlraum
- Dekoration: rustikal-traditionell, elegant, gebietstypisch, modern, mystisch usw.
  Damit signalisiert man die eigene Einstellung zum Produkt, prägt das Image, wobei *„weniger ist mehr"* ganz besonders gilt. Besser ist eine jahreszeitliche oder anlassbezogene Veränderung des Raumes als ein überladenes museumähnliches Sammelsurium!
- Raumteiler: Fässer, Ablage, Tisch, Präsentationsfläche usw.
- Möbel: Bauernmöbel, Schränke, Vitrinen, Regale, Vorhänge
- Weingartengeräte, Werkzeuge, Rebholz, Lesestock, Bodenprofil bzw. Gestein
- diverse Weinflaschen: alt mit Etiketten, bemalt, Magnum, aus anderen Gebieten usw.
- Fotos: Weingarten im Jahreszeitenwechsel, Familie, Rebsorten, bei der Arbeit
- Bilder: themenbezogen zu Weingarten und Keller, Landschaft, jahreszeitlich, Video
- Auszeichnungen, Erfolgsurkunden
- Lagen- bzw. Riedenkarten
- Orts- u. Regionsinfos
- Blumen bzw. Gestecke
- ....
- ....

Die Warenpräsentation im Verkaufsraum:
Es gibt keine fertigen Verkaufsraumkonzepte, sondern nur individuelle Lösungen.

Optimal ist eine übersichtliche, attraktive, ideenreiche Produktpräsentation, die rationelle Arbeitsabläufe, eine einfache Reinigung sowie für den Kunden einen positiven Erlebniseinkauf ermöglicht. Sauberkeit ist auch hier oberstes Gebot. Das gestalterische Erscheinungsbild sollte der Gesamtphilosophie des Betriebes entsprechen.

ein positiver Erlebniseinkauf für den Kunden

Der gesamte Hof mit seiner Parkfläche, die befestigten Wege zum Verkaufsraum, der unfallsichere Kinderspielplatz usw. sind ein besonderer Blickfang und sollten ein „Aha-Erlebnis" auslösen. Ein Schild mit dem Firmenlogo und den Öffnungszeiten rechts von der einladend gestalteten Tür weist auf den Eingang hin. Der Innenraum sollte von der Gestaltung her eine mögliche Schwellenangst verhindern, weshalb der Einrichtung und Beleuchtung große Bedeutung zukommt.

Die Kunden orientieren sich beim Betreten eines Raumes zunächst immer im Uhrzeigersinn. Der Blick schweift anfänglich zur Orientierung umher, um alsbald durch Besonderheiten abgelenkt zu werden. Kunden neigen bei großen Räumen gerne dazu, die Seitenwände entlang zu gehen; nur Aufregendes ändert die Gangrichtung. Gut beleuchtete Plätze, eventuell mit Lichteffekten und in Augen- und Griffhöhe befindlichen Produkten sind verkaufsstarke Zonen.

Die Gestaltung von Schaufenstern, Vitrinen und Präsentationsregalen

Bereits 1740 wurde in Augsburg das erste „Schaufenster" öffentlich präsentiert. Heute sind eigene Dekorateure mit der Schauwerbung befasst, die aktuelle Werbebotschaften vermittelt. Je mehr Sinnesorgane gleichzeitig angesprochen werden, desto eindrucksvoller und nachhaltiger wirkt die Empfindung.

Rationale Werbeappelle informieren über das Produkt, emotionale Werbeappelle wie „Einmal so richtig leben", „Man gönnt sich ja sonst nichts", „Streicheleinheiten für den Gaumen" usw. erfüllen gewisse Wunschvorstellungen des Betrachters.

schnell und intensiv möglichst viele Sinne stimulieren

Unsere „Sensationsgesellschaft" ist längst reizüberflutet, so dass am ehesten Botschaften wahrgenommen werden, die schnell und intensiv möglichst viele Sinne stimulieren.

Werbewirksame Raumorte:

75% aller Betrachter richten ihren Blick zuerst auf den Schaufensterboden; 95% richten ihren Blick nur selten über die Augenhöhe. Der Betrachter wendet sich eher nach links als nach rechts und schaut eher nach links oben als nach rechts unten! Am Boden liegende bzw. über Augenhöhe angeordnete Produkte befinden sich in verkaufsschwachen Zonen.

Kontrollblick auf die fertige Gestaltung

Jede Präsentation beginnt mit einer schriftlichen Ideensammlung und endet mit einem Kontrollblick auf die fertige Gestaltung:

- Ist die Werbebotschaft im „Mittelpunkt"?
- Entspricht sie dem Image?
- Gibt es einen tauglichen Blickfang?
- Ist die Dekoration originell?
- Sind Preisschilder und Schrift (Ton) ein brauchbarer Verkaufsgespräch-Ersatz?
- Ist die Schrift auch aus einer Entfernung von zwei Metern gut lesbar?
- Ist die Beleuchtung blendfrei?
- Könnten noch mehr Sinne angesprochen werden?
- Sind die Mitarbeiter im Betrieb über alles informiert?

Anlässe für Schaufenster- bzw. Vitrinengestaltung:
- bestimmte Feiertage: Muttertag, Krampus, Silvester, Martini usw. Nach dem Termin muss sofort umdekoriert werden!
- festliche Wochen: Weihnachten, Ostern, Urlaub, Erntedank, Wildwoche usw.
- jahreszeitliche Dekoration
- Jubiläum
- neues Produkt, Spezialität, Sonderangebot usw.

Die Durchführung einer Weinkost

Publikumsweinkosten dienen der Konsumenteninformation. Zuvor sollte man aber die Beurteilung seines Produktes Wein von der sensorischen Seite her sehen.

Der Wert eines Weines ist von vielen Faktoren abhängig.

Einen entscheidenden Einfluss haben Inhaltsstoffe als Gesamtheit und Aromastoffe im Besonderen. Diese machen in der Summe den Qualitätsstandard aus.

Die organoleptische bzw. sensorische Prüfung kann besser als die chemische Analyse über die Qualität eines Weines, dessen Sorte, Alter, Gebiets- und Ausbaucharakter oder auch über Fehler Aufschluss geben.

Um die subjektiven Kosturteile von Einzelpersonen zu objektivieren, werden zu bestimmten Zwecken Kostkommissionen mit mehreren Teilnehmern gebildet.

Anlässe für Weinkosten

- betriebsinterne Verkostungen zur laufenden Kontrolle der Weinentwicklung als Grundlage für Weinbehandlungsmaßnahmen,

zur Festsetzung des Füllzeitpunktes oder zur Qualitätsbeurteilung für die Preislistenerstellung
- Weinprämierungen im Zuge von Weinmessen, Ausstellungen usw. auf regionaler, nationaler und internationaler Ebene
- amtliche Weinkosten zwecks Verleihung der staatlichen Prüfnummer oder Erstellung von Gutachten
- Auswertung von Versuchsergebnissen
- Vergleichs- und Bewertungsweinkosten im Zuge journalistischer Tätigkeit zwecks Veröffentlichung in Fachzeitschriften
- Publikumsweinkosten, oft in Form kommentierter Weinproben, bei öffentlichen Veranstaltungen oder im Betrieb für Kunden, Gäste, Berufskollegen oder Journalisten

Riech- und Schmeckvorgang

Die **Riechschleimhaut** der menschlichen Nase ist mit ca. einer Million Rezeptoren ausgestattet (Hund: ca. 200 Millionen!). Die Duftstoffe werden mit der Atemluft über die Nase „erschnuppert" und von den Rezeptoren der Riechschleimhaut registriert. Für unsere Geruchswahrnehmung genügen oft wenige Moleküle, wobei mindestens 50 Rezeptoren den Stoff wahrnehmen müssen, um einen „Duft" zu registrieren.

„Schnüffeln" steigert bekanntermaßen die Geruchsempfindung!
Verstopfte Nasen (Schnupfen) führen zu schlecht auswertbaren Ergebnissen.
Entgegen den Geschmacksnerven, die rasch mit Wasser neutralisiert werden können, erfolgt dies bei der Riechschleimhaut nur sehr langsam mit klarer Luft!

Die **Schmeckzonen** der Zunge liegen vorwiegend an den Zungenrändern und können nur süß, sauer, salzig und bitter „schmecken". Zungenmitte, Gaumen, Zahnfleisch und Wangen haben nahezu keine Geschmacksorgane.

Beim Schlucken wird das Riechen und Schmecken gekoppelt, da sich das Gaumensegel zwischen Rachen und Nase öffnet. Schlucken ist allerdings für die Sensorik nicht notwendig. Die Weinmenge ist so zu bemessen, dass zumindest die Speichelflüssigkeit verdrängt wird.

Der Kostraum:

sorgfältig vorbereiten

Die Kost ist sorgfältig vorzubereiten, d.h. der Raum sollte hell (Tageslicht), geruchsneutral und ruhig sein.

Kostutensilien wie geeignete Kostgläser, Abschüttkrüge, Möglichkeit zur Mitschrift und Gelegenheit zum Ausspucken sowie Wasser zum Neutralisieren des Gaumens sollten ausreichend bereit stehen. Neutrales Brot (z.B. Semmeln, Weißbrot) ist nur ab einem gewissen Probenumfang notwendig und wird nach einem Kostblock verabreicht.

Pegelweine erleichtern die Urteilsfindung und werden meist vor der Kost in einer offenen Diskussion bewertet. Dieser Wein dient dem Verkoster neben der vorgegebenen Punkteanzahl während der gesamten Kost als Vergleichsbasis.
Die Weine müssen richtig temperiert sein, das Glas darf maximal zu einem Drittel gefüllt werden.

Urteilsfindung

Die Reihung der Weine ist sortenweise nach Intensität, Alter, Restsüße sowie Ausbauart vorzunehmen. Bevorzugt werden Weißweine vor Rotweinen gereicht. Die Koster dürfen keinesfalls überfordert werden: Bei geübten Kostern bringen höchstens 50 Proben und nicht länger als vier Stunden Verkostdauer noch auswertbare Ergebnisse.

Das Weinglas:
Der Einfluss des Glases auf die Beurteilung des Weines ist enorm. Glasvolumen, Form, Glasrandausbildung und Glasbeschaffenheit sind mitentscheidend für die Sinneswahrnehmung.
Das richtige Weinglas sollte glasklar, dünnwandig, glatt und langstielig sein. In dem sich nach oben tulpenförmig verjüngenden „Duftkamin" soll sich das Aroma des Weines gut entfalten können. Der Glasrand sollte geschliffen sein.

das richtige Weinglas

Weinreihung nach der richtigen Serviertemperatur:
- Sekt und Perlwein
- junge, frische Weißweine bzw. fruchtige Roséweine
- gehaltvolle, körperreiche Weißweine
- junge, leichte Rotweine
- körperreiche Rotweine
- schwere, alte, körperreiche Rotweine
- Süßweine, Auslese und Eiswein

Die Trinktemperatur **minus** 2° C entspricht der richtigen Serviertemperatur, wobei jugendliche Rotweine im Sommer leicht gekühlt sein sollten.
Rotweine mit „historischer" Raumtemperatur gibt es nicht!

Bewertungsweinkosten

Zur Weinbeurteilung sind **erfahrene Koster** in guter körperlicher und psychischer Verfassung notwendig. Dabei gibt es keinen Unterschied zwischen Frauen und Männern; sie sind sich im Urteilsvermögen absolut ebenbürtig.

sichere Kostergebnisse

Relativ sichere Kostergebnisse sind nur bei einer **verdeckten Kost** zu erwarten, d.h. der Hersteller des Weines muss anonym bleiben.

Lediglich Hinweise auf Sorte, Jahrgang, Qualitätsstufe, geografische Herkunft, Vinifizierung und Analysewerte sind gestattet.

Es darf keine **Beeinflussung der Koster** durch Mitkoster, Kostleiter, Geruch, Lärm, Licht, Rauch, Speisen usw. erfolgen. Ideal sind Kostkabinen oder Tische mit Trennwänden in einer Sitzrichtung.

Möglichkeiten der Weinbewertung:

Bewertet werden:
- **Geschmack** und Gesamteindruck
- **Aussehen** (Farbe, Klarheit)
- **Geruch** (Reinheit, Intensität u. Typizität)

Diese Kriterien werden in einem aus Einzelurteilen errechneten Punkteurteil zusammengefasst oder finden ihren Ausdruck in einer Beschreibung des Weines.

Fehlerhafte Weine sollten ausgeschieden werden, um nicht falsche Einschätzungen durch eine niedrige Bewertung hervorzurufen! Im Zweifelsfall oder vor allem bei flaschenbedingten Fehlern (Korkgeschmack) wird eine zweite Probe des Weines verkostet.

1. Punktebewertung:

20 Punkte-System

Es gibt verschiedene Punktesysteme, wobei das *20 Punkte-System* noch häufig Anwendung findet:

- Geschmack u. Gesamteindruck 0–12 Punkte
- Aussehen 0–4 Punkte
- Geruch 0–4 Punkte

Die Kostjury bewertet einen so genannten „Pegelwein" mit einer bestimmten Punktezahl, an dem sich die Folgeweine orientieren.

5 Punkte-System

Das *5 Punkte-System* bewertet unter Einbeziehung der obigen Kriterien entsprechend der Frage:

Ist der Wein ausgezeichnet, sehr gut, gut oder genügend im Aussehen, Geruch bzw. Geschmack; soll er wiederholt oder ausgeschieden werden.

Viele gängige Fachmagazine bedienen sich sogar dem *100 Punkte-System*.

Zwei bis fünf Weine werden auch häufig nach der *Rangziffernmethode* bewertet, wobei entsprechend der Fragestellung der beste Wein den höchsten Rang einnimmt. Solche Prüfungen werden bei Vergleichskosten (Neuzüchtungen, Verkostungen nach Verschnitten usw.) angewendet.

Rangziffernmethode

2. Die Weinbeschreibung:
Sie ist wesentlich informativer als ein Punkteurteil, allerdings auch aufwändiger, vor allem, wenn mehrere Kosturteile zusammengefasst werden müssen.
Die Charakteristik eines Weines lässt sich am besten in Worten ausdrücken.
Sie wird vor allem dort angewendet, wo ein Punkteurteil nicht sinnvoll erscheint: z.B. Preislisten- und Prospekterstellung, Veröffentlichungen usw. (Siehe Kostrad S. 120)
Zu üppige und fantasievolle Ausdrücke sind schwer nachvollziehbar und zu vermeiden.

Die Weinlagerung:
Die Haltbarkeit eines Weines ist abhängig von:
- **Sorte**
- **Jahrgang:** Reife Jahrgänge halten auf Grund inhaltlicher Parameter besser.
- **Herkunft:** Weinbaugebiet, Lage, Ried, Weingut usw.
- **Qualität:** Prädikatsweine sind meist haltbarer.
- **Säure:** Höhere Säure „konserviert"; CO_2 macht jugendlich.
- **Alkohol:** Leichte Weine sollten eher jung getrunken werden.
- **Restzucker:** Süße Weine bauen eher langsam ab.
- **Extrakt:** Reife Weine erreichen ein höheres Trinkalter.
- **Vinifizierung:** Barriqueausbau und biologischer Säureabbau bestimmen zum Teil die Alterung.

Warum wird Kunden eine Weinlagerung (eigene Vinothek) empfohlen?
- Vorratshaltung
- Jungweine sind meist preisgünstiger.
- Nach Weinkauf (Transport) kann der Wein zur Ruhe kommen.
- Höhepunkt der Flaschenreife kann selbst bestimmt werden.
- Zuordnung zu Speisen in Absprache mit Produzenten ist leichter möglich.

Preisgestaltung und Preispolitik bei der Weinvermarktung

Angebot und Nachfrage regeln den Preis, allerdings – *den* Preis gibt es nicht. Für den Kunden ist ohne Erklärung jeder Preis zu hoch; daher muss man sich fragen: welcher Preis? und im Verhältnis wozu? Die Konsequenz ist der gekonnte Umgang mit den Möglichkeiten der Preispolitik.

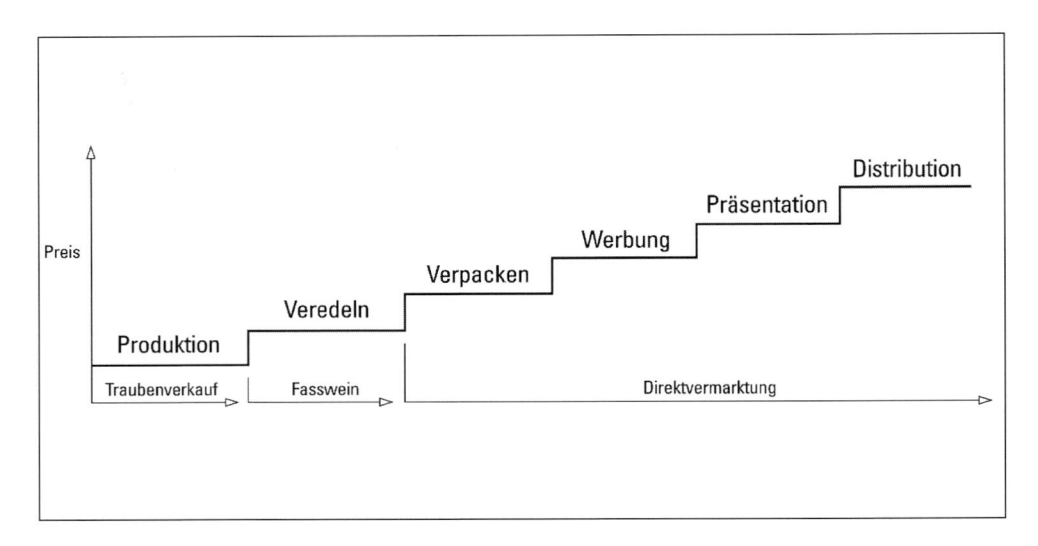

[Diagramm: Preis-Stufen von Produktion, Veredeln, Verpacken, Werbung, Präsentation, Distribution; darunter Traubenverkauf, Fasswein, Direktvermarktung]

Deshalb gilt: **„Finde Wünsche und erfülle sie"**. Und nicht: „Produziere viel und versuche zu verkaufen – die Käufer werden schon kommen!"

Wege der Preispolitik

Grundsätzlich kann ein Weinbauer in der Preispolitik drei Wege gehen:

- Die erste Möglichkeit: Er kann sich an Mitbewerbern orientieren; wenn er dies tut, sollte er sich nur an solchen orientieren, die auch Bedeutung haben (messbar in Marktanteilen). Diesen Vorgang nennt man „Preissetting" nach dem wichtigsten Mitbewerber. Die Gefahr besteht darin, dass man so ein „Kopierer" wird, Kunden verliert und die eigenen Kosten ignoriert.

- Die zweite (sinnvolle) Variante ist die Orientierung am Kunden. Kaufkraft und Kaufverhalten sind bekanntermaßen wichtige Einflussgrößen. Preiswahrnehmung und Preisbeurteilung, preisgünstig oder preiswürdig, sind immer mit den Augen der Zielgruppe zu treffen. Aus Erfahrung weiß man, dass die wahrgenommenen Preise gerundet sind, weshalb psychologische Preisbildungen hier eine Rolle spielen. Der Preis ist aber für den Nachfrager der Zukunft auch ein Qualitätsindikator.

- Die dritte Möglichkeit, seine Preise zu definieren, ergibt sich aus der Kostenorientierung. Diese Form setzt Kostenbewusstsein und Kostenaufzeichnung voraus. Die kostenorientierte Preispolitik ist oftmals auch ausschlaggebend, um über Gesamtkosten und Struktur der Kosten (fixe und variable) nachzudenken.

Neben diesen drei Möglichkeiten sind aber auch Konditionen und Rabatte von Bedeutung.
Funktionsrabatte, Mengenrabatte, Zeit- und Sachrabatte sind Möglichkeiten einer aktiven Preispolitik, ohne das Produkt zu entwerten. Bei allen Rabatten gilt der Grundsatz: Sie müssen verständlich, akzeptierbar, nachvollziehbar und gerecht sein.

Preisnachlässe können auch in Form von kleinen Geschenken (Werbeartikel wie Korkenzieher, Gläser usw.) gewährt werden.

Preisnachlässe

Die nationale und internationale Preispolitik unterscheidet sich darüber hinaus vor allem auch durch die Liefer- und Zahlungsbedingungen. Gefahren und Kostenübergang spielen ebenso eine Rolle wie akzeptable Bezahlungsmodalitäten.

Strategisch und langfristig gesehen, ergeben sich für Wein vier mögliche Erfolgs-Preispositionierungs-Wege:

Preispositionierung

Die **Durchdringungspreispolitik:** mit einem niedrigen Preis schnell den Markt erobern und noch kurz vor Beginn der Wachstumsphase den Preis anheben. Dieses Anheben erfordert aber entsprechende Verbesserungen entweder im Produkt selbst oder in der dazu passenden Dienstleistung. Diese Art der Markteroberung führt dazu, dass der Mitbewerber erst viel zu spät aktiv wird. Insofern kann es eine gut gewählte Strategie sein, um beim Kunden einen Vorsprung zu haben.

schnell den Markt erobern

Genau das Gegenteil ist die **Abschöpfungspreispolitik** – das stufenweise Billigerwerden im Zeitablauf. Nachdem ein- und dasselbe Produkt ohne Weiterentwicklung und Marketing an Attraktivität verliert, wird der Preis im Zeitablauf gesenkt.

stufenweises Billigerwerden

| | Über verschiedene Weine hinweg kann man auch die **Ausgleichs-**
Weg des | **preispolitik** praktizieren. Dies bedeutet, mit der Position und dem
Ausgleichs | Image konform den Weg des Ausgleichs gehen.

Es ist auch möglich, unterschiedliche Preise festzulegen, je nach Wirtschaftsstufe, Zeit, Menge usw. Dies nennt man **Preisdifferenzierung.**

Dumpingpreise Dauerniedrigstpreise, so genannte Dumpingpreise, sind zu vermeiden, da sie dem Produkt wertmäßig nichts Gutes tun. Auch bei einer befristeten Angebotspreispolitik sollte man vorsichtig sein, da es auch hier nicht zu einer Entwertung kommen darf.

Promotionspreise Promotionspreise sind nur dann sinnvoll, wenn sie die Eintrittsbarriere am Markt aufheben, das Produkt selbst aber nicht entwerten.

Kommunikationspolitik

Kommunikationspolitik bedeutet, sich dem Kunden in allen Belangen der Werbung, der Information, des Produktes und dessen Erscheinungsbildes zu zeigen und darzustellen.

Der Kunde (Zielgruppe)

Das Angebot und der Preis beeinflussen den Kundenkreis. Abgesehen von den verschiedenen sozialen Schichten gibt es vier Arten von Weinkunden:

vier Arten von Weinkunden

1. Weinliebhaber und Weinkenner:
Dieser orientiert sich nach klaren Kriterien wie Originalität, Qualität, Herkunft, Sorte, Image usw. Als ausgesprochener Individualist ist er bereit, viel Geld für Wein auszugeben.

2. Möchtegern-Kenner:
Dieser orientiert sich am Weinkenner im Freundeskreis, liest gerne Fachzeitungen, Fachmagazine usw. und erwirbt zunehmend detailliertes Fachwissen. Er entwickelt sich rasch zum Weinkenner.

3. Weintrinker:
Er bevorzugt einfache Tafelweine bis gehobene Qualitätsweine, die preiswert sind. Er legt wenig Wert auf Weinkultur und entwickelt seine eigene Geschmacksrichtung (z.B. Markenwein, Mischung).

4. Weintourist:
Dieser kauft und trinkt nur fallweise oder zu besonderen Gelegenheiten Wein einfacher und gehobener Qualität. Die Weiterbildungsbereitschaft ist eher gering.

Kommunikation nach innen

Weinpräsentation und Führung eines effizienten Weinverkaufsgespräches

Das alte Sprichwort *„Durchs Reden kommen die Leute zusammen!"* gilt für alle Verkaufsgespräche in gleichem Maße. Um tatsächlich erfolgreich verkaufen zu können, müssen einige Grundregeln zwischenmenschlicher Kontakte beachtet werden.

Grundsätzlich zeichnet sich ein guter Verkäufer dadurch aus, dass er von seinem Produkt überzeugt ist und mit anderen Menschen „umgehen" kann, sympathisch ist und ihm das Verkaufen Spaß macht. Wer also Kunden überzeugen und längerfristig gewinnen will, sollte

- freundlich (Wer nicht herzhaft lachen kann, soll auch nie verkaufen!)
- hilfsbereit (Kunden sind für Hilfestellungen äußerst dankbar!)
- aufrichtig (Kein Verkauf mit allen Mitteln!)
- ehrlich (Ein guter Verkäufer ist ein guter Berater!)
- geduldig (Oftmals führen erst weitere Gespräche zum Erfolg!)
- aufmerksam (Zuhören ist die andere Seite des Redens!) sein.

Vertrauen gewinnen

Ein guter Verkäufer wird stets bemüht sein, Vertrauen zu gewinnen und dem Kunden durch das Verkaufsgespräch die Kaufentscheidung zu erleichtern.

Der Kunde sucht bei der Wahl des Produktes eine „Problemlösung"!

Niemand kauft einfach nur die Ware; jeder Käufer möchte für sich einen bestimmten Nutzen erwerben. So will der Weinkunde seinen Freunden z.B. anlässlich einer Feier etwas Besonderes bieten.

die richtige Einstellung zur eigenen Produktpalette und zum eigenen Berufsstand

Zu einem erfolgreichen Verkaufsgespräch gehört die richtige Einstellung zur eigenen Produktpalette und zum eigenen Berufsstand (Aufgeschlossenheit, Fachwissen, Umgangsform usw.).

Ein Verkaufsvorgang beinhaltet folgende Phasen:
1. Begrüßung des Käufers und Gesprächseröffnung
2. Bedarfsermittlung
3. Produktpräsentation
4. Argumentation bzw. Einwände
5. Verkaufsabschluss
6. Bezahlung und Aushändigung der Ware
7. Verabschiedung und Dank
8. Feedback (Nachbearbeitung) weiterer Infos

Bei jedem Verkaufsvorgang sollte man sich bewusst sein, dass Kunden **nicht nur** wegen der Produkte einkaufen, sondern auch individuelle Erwartungen an den Verkäufer, den Weinbaubetrieb und die angebotenen Produkte haben. Daher ist der erste Eindruck, die Entwicklung von Sympathie, sehr entscheidend für den späteren Verkaufserfolg. Unsympathische, vergrämte Leute, die dem Kunden eigene Probleme vermitteln, werden selten Verkaufserfolge erzielen – es sei denn, das Produkt hat eine Alleinstellung.

Entwicklung von Sympathie

Das Verkaufsgespräch beginnt in der Regel mit der **Wahrnehmung** und **Begrüßung** des Kunden.
In dieser Phase geht es vor allem darum, möglichst schnell eine positive Verkäufer-Käufer-Beziehung zu schaffen. Dabei kommt es nicht auf die Redegewandtheit, sondern eher auf die Körpersprache an. Widmen Sie sich in der Gesprächseröffnungsphase dem Kunden, blicken Sie ihn an und lassen Sie sich durch nichts ablenken (z.B. klingelndes Telefon!). Reichen Sie dem Gast bzw. Kunden die Hand und sagen Sie, dass Sie sich freuen, ihn zu sehen. Wird man vom nicht angemeldeten Kunden bei der Arbeit überrascht, entschuldigt man sich *nicht* für die schmutzige Kleidung, sondern für die kurze Zeit des Händewaschens und reicht ihm dann die Hand!
Mit dem Auftreten prägt man sein gesamtes Image.

Typisch für Ungeübte sind:
Kontaktangst (Kunden wird nicht die Hand gereicht),
Blickangst (Fremden wird nicht frei in die Augen gesehen),
Redeangst (Angst, mit Kunden sprechen zu müssen) und
Versagensangst (Angst, nicht alle Fragen beantworten zu können).

Solche Ängste lassen einen Verkäufer auf Kunden verkrampft und verklemmt wirken.
Diese Einstiegsphase ist von einem innigen, persönlichen Kontakt geprägt. Zuhören und positives Einstimmen auf das weitere Gespräch vermittelt Sympathie. Oft genügen kleinste Informationen, um sich mit dem Gast mitzufreuen, mitzulachen, aber auch mitzutrauern – verschonen Sie ihn aber mit eigenen Problemen.

Einstimmen auf das weitere Gespräch

Fragen Sie den Kunden, was er heute gerne möchte **(Bedarfsermittlung)**, sofern er sich nicht schon selbst geäußert hat. Floskeln wie „Was darf es sein" oder „Der Nächste bitte" sind unbedingt zu vermeiden; stellen Sie das Angebot vielmehr vor. Fragen Sie nach dem Namen des Kunden, um ihn persönlich anzusprechen (wichtig für die Kundenkartei!).

Die **Produktpräsentation** sollte durch eine Verkostung unterstützt werden. Insbesondere bei neuen Produkten erfüllt sie die Funktion, das Interesse und die Glaubwürdigkeit für dieses Produkt zu fördern und zu stärken. Geben Sie Hilfestellung, den Wein richtig zu verkosten, und erklären Sie, was man bei der Verkostung empfinden kann. Dadurch fühlt sich der Gast bald als Weinkenner. Je mehr er vom Wein versteht, desto eher ist er bereit, einen angemessenen Preis für die gute Qualität zu bezahlen. Oftmals wird später sogar genau dieser Kunde zum eigenen Verkäufer („Mund-zu-Mund-Propaganda").

<small>auf die Bedürfnisse des Kunden eingehen</small>

In der **Argumentationsphase** geht es darum, dem Kunden einen zusätzlichen Anreiz für den Kauf zu geben. Dabei ist es immer von Vorteil, auf die Bedürfnisse des Kunden einzugehen und die eingangs erwähnte Problemlösung anzubieten. Ein Kunde wird umso eher kaufen, je nachhaltiger die von ihm als besonders wichtig empfundenen Bedürfnisse durch einen Kauf erfüllt werden können.

Vor allem sind es Bedürfnisse nach:
Abwechslung, Nützlichkeit, Anerkennung, Selbstbestätigung und Sicherheit.

<small>mindestens drei Bedürfnisarten</small>

Als Verkäufer sollte man dem Gesprächspartner stets das Gefühl geben, dass mindestens drei dieser angeführten Bedürfnisarten im Falle eines Kaufs befriedigt werden. So können z.B. das Sicherheitsbedürfnis der jederzeitigen Lieferbarkeit, das Bedürfnis nach Abwechslung durch Hinweis auf den besonderen Geschmack, die Vinifizierung im heurigen Jahr usw. Anreize für den Kauf sein. Auf jeden Fall sollte die hohe Qualität vermittelt werden. Keinesfalls sinnvoll ist ausschließlich die Angabe von technischen Daten (Alkoholwert, Säure, Restzucker usw.), weil diese zum Mitbewerber austauschbar sind und nur kurzzeitig gemerkt werden.

<small>argumentieren Sie partnerbezogen</small>

Argumentieren Sie immer partnerbezogen, d.h. sagen Sie niemals „das bedeutet" sondern „für Sie bedeutet das", oder nicht „damit spart man", sondern „Sie sparen dadurch".

<small>positive Reizwörter</small>

Auch die Reihenfolge von Argumenten und die Verwendung von so genannten „positiven Reizwörtern" ist von Bedeutung. Sagen Sie z.B. nie – obwohl positiv gemeint – „von diesem Wein bekommen Sie garantiert nicht Kopfweh!", weil das Wort „Kopfweh" allein schon negativ behaftet ist! Positive Reizwörter sind insbesondere

Qualität, jung, direkt vom Weinbauern, Garantie, naturnah, exklusiv und andere positive Merkmale des Betriebes (Lage, Sortenspiegel, Tradition usw.), die *Sie* vom Mitbewerber unterscheiden.

Wichtig ist: Man kann nicht gleichzeitig der beste *und* billigste Weinbauer sein; zu viel Eigenlob wirkt unglaubwürdig.

Weiters sollten Argumente so vorgebracht werden, dass sich im Gespräch eine Steigerung ergibt und somit das stärkste Argument möglichst zum Schluss kommt. (Im Falle von Kundeneinwänden wäre jedoch das stärkste Gegenargument zuerst anzuführen!)

Die Argumentation gegenüber dem Kunden kann durch ganz bestimmte Fragetechniken und Methoden der Einwandbeseitigung verbessert werden, um so das Verkaufsgespräch positiv zu gestalten. Oft empfiehlt sich, das Gespräch mit Hilfe von Fragen zu führen („wer fragt, führt"!) und nicht Behauptungen aufzustellen. Nicht erklärbare Behauptungen stempeln einen Verkäufer zum Möchtegern-Besserwisser.

Fragetechniken und Methoden der Einwandbeseitigung

Fragen führen kaum zu Widerspruch; im Gegenteil, man hat die Möglichkeit, einiges über Kaufmotive und die Eigenschaften des Gesprächpartners herauszufinden. Vielleicht ist er anspruchsvoll, misstrauisch oder unentschlossen – all das sind auch wichtige Informationen für die Kundenkartei!

Informationsfragen: Sie dienen der Erkundung der Bedarfslage und sollen in aller Kürze entscheidende Informationen liefern.
„Welcher Wein ist Ihr Lieblingswein?", „Zu welcher Speise soll der Wein passen?"

Suggestivfragen: Mit solchen Fragen drängt man Gesprächspartner in bestimmte Richtungen.
Wörter wie „doch, wohl, etwa" sind im Fragesatz enthalten: „Es ist doch besser, wenn wir den Wein mit … schicken!", „Sind Sie nicht auch der Ansicht, dass wir schon heute verkosten?"

Weiterführungsfragen: Solche Fragen führen möglichst rasch auf das Ziel des Verkaufs bzw. Verkaufsgespräches hin.
„Den Riesling kennen Sie bereits, darf ich jetzt den … präsentieren?"

Rhetorische Fragen: Solche Fragen benötigen keine Antwort, lockern das Gespräch aber auf.
„Die Frage ist berechtigt, der heurige Jahrgang ist in allen Belangen eine Ausnahme!", „Vielleicht war das für diese Sorte genau das Richtige!" usw.

Provokationsfragen: Solche Fragen stellen in der Regel überhebliche Verkäufer und beinhalten durch Eigenlob wenig Kaufmotivation! „Was verstehen Sie von Wein?", „Bin ICH der Kellermeister oder Sie?"

Motivationsfragen: Solche Fragen vermitteln eine positive Stimmung und stellen eigentlich das Gegenteil von Provokationsfragen dar.
„Seit wann haben Sie dieses Weinwissen?", „Was meinen Sie als Weinkenner?"

Vergleichsfragen: Damit ist eine Korrektur bzw. Klärung mancher vorangegangener Fragen möglich. „Unter diesem Aspekt ist der Preis nicht so ...", „Dann ist diese Sorte sehr wohl ..."

Schließende Fragen: Sie fassen einen Gedankengang nochmals nachvollziehbar zusammen und werden häufig als „Alternativfrage" gestellt.
„Haben Sie zu diesem Wein noch eine Frage?" „Haben Sie noch einen Verkostungswunsch, oder ...?"

Bestätigungs- bzw. Kontrollfragen: Damit erfährt man, ob der Kunde den Argumenten zustimmt bzw. sie auch richtig verstanden hat. „Haben Sie dasselbe auch bei dieser Sorte verspürt?" „Sind Sie von der Lagerfähigkeit dieses Jahrganges ebenfalls überzeugt?"

Wichtig ist: Wahr ist nicht, was A sagt, sondern was B versteht. Deshalb überzeugen Sie sich, ob Sie richtig verstanden wurden!

Der heikelste Teil eines Verkaufsgespräches ist sicherlich die **Behandlung von Kundeneinwänden.**

Deshalb soll diesem Teil in der Folge auch mehr Aufmerksamkeit gewidmet werden:

Einwände des Kunden

Natürlich ist es nicht immer möglich, alle Einwände des Kunden zu entkräften; in der Praxis haben sich jedoch einige Techniken bewährt, die man im Gespräch mit dem Kunden anwenden kann.

Man sollte immer beachten, dass die Einwände des Kunden ernst genommen werden sollten; bleiben Sie gerade jetzt freundlich, sprechen Sie langsam und partnerbezogen und versuchen Sie niemals, abwertend und überheblich zu argumentieren.

Es hat noch niemand einen Streit mit einem Kunden gewonnen!

Vorwegnahmetechnik: Mögliche Einwände werden schon während des Verkaufsgespräches eingebaut, z.B. „Dieser Wein ist nicht billig, wurde aber ...", „Sie werden vermutlich gleich fragen, ob wir heuer ...", „Oft werde ich in letzter Zeit gefragt ..."

Zurückstelltechnik: Durch höfliches Zurückstellen einer Frage oder eines Einwandes auf einen späteren Zeitpunkt wird versucht, den Gesprächsverlauf zu verbessern. Dies wird in der Regel praktiziert, wenn man durch das Eingehen auf Zwischenfragen in der eigenen Argumentation erheblich gestört wird. „Ich weiß, aber lassen Sie mich zuerst ...", „Bevor wir über den Preis reden ..."

Umformulierungstechnik: Um einen Einwand etwas oder ganz zu entkräften, wird durch Umformulierung versucht, die Härte der Aussage zu verringern; etwa „Sie meinen, dieses Destillat ist zu teuer, der Preis ist jedoch angemessen, wenn ...", „Auch für uns war es ein schwieriges Weinjahr, trotzdem sind wir ..."

Referenztechnik: Durch Nennung von Personen bzw. Institutionen, die bereits zum zufriedenen Kundenkreis zählen, versucht man, den Kunden vom Nutzen eines Kaufs zu überzeugen: „Wissen Sie, dass die Fa. N.N. ihren Weihnachtswein heuer ausschließlich bei uns bezieht!", „Ich darf Ihnen nur sagen, dass diese Cuvée auch der Lieblingswein von N. N. ist!"

Bei der Referenztechnik ist vor allem dann Vorsicht geboten, wenn nicht abzuschätzen ist, ob sie beim Kunden wirklich Sympathie auslöst (z.B. politische Partei).

Kompensationstechnik: Um einen Nachteil gegenüber dem Mitbewerber auszugleichen, werden noch einmal alle Vorteile des Produktes zusammengefasst: „Wenn Sie das hohe Alter der Rebstöcke, den geringen Ertrag und den behutsamen Weinausbau beachten, ..."

Gegenfragetechnik: Der Gesprächspartner soll durch die Gegenfrage dazu bewogen werden, den Einwand zu begründen, z.B. „Warum glauben Sie, dass ...", „Könnten Sie mir sagen, warum ..."

Ja-aber-Technik: Durch anfängliche Zustimmung zu einem Einwand soll nachher die eigene Aussage gerechtfertigt und verstärkt werden, z.B. „In diesem Punkt haben Sie recht, wenn Sie aber ...", „Es ist schon richtig, ..." usw.

Für das gesamte Verkaufsgespräch gilt immer, dass zu erwartende Einwände schon angesprochen werden, bevor es der Kunde tut. Dies erfordert natürlich ein hohes Maß an Fachwissen und psychologisches Einfühlungsvermögen.

psychologisches Einfühlungsvermögen

Verwenden Sie deshalb stets positive und aktive anstatt passive und negative Aussagen. Grundsätzlich ist zu versuchen, Einwände des Kunden rechtzeitig auszuräumen, ohne verletzend zu wirken. Man muss oft sehr rasch prüfen, ob der Einwand des Kunden nur ein Vorwand ist. Nörgler wissen immer etwas auszusetzen!

Der häufigste Einwand entsteht bei der Nennung des Preises. Deshalb gehört zur Gesprächstaktik, die Preise nicht am Anfang eines Gespräches (einer Kundenfrage) zu nennen, sondern eher zum Schluss. Kommt es aber zur Preisdiskussion, so sollte der Preis immer nur im Zusammenhang mit der Qualität, Exklusivität, Kellertechnik usw. (positive Reizwörter) genannt werden.

Man sollte auch wissen, dass der Kunde gewillt ist, einen höheren Preis zu zahlen – die Preise müssen jedoch mit den Produkten und seinen Vorstellungen übereinstimmen. Der Kunde will keine „Einheitspreise", sondern mehrere Auswahlmöglichkeiten (z.B. von einer Sorte verschiedene Qualitätsstufen).
Die aufgezählten Vorteile tragen ganz wesentlich zur Rechtfertigung bei. (Siehe Preispolitik!)

Zum **Verkaufsabschluss** kann erst übergegangen werden, wenn aus dem Gesagten und dem Verhalten des Kunden zu erkennen ist, dass er grundsätzlich kaufbereit ist.

Kaufsignale

Solche Kaufsignale sind: zustimmendes Nicken, das Anfassen der Flasche, Durchatmen, Kinnreiben, Kratzen am Kopf, aber auch di-

rekte Kaufäußerungen wie Fragen nach Details, Zustimmung seiner Begleitung usw.
Auf solche Signale sollte man als guter Verkäufer achten, um den Käufer bei der entgültigen Kaufentscheidung zu unterstützen. Dazu können verschiedenste Abschlusstechniken eingesetzt werden, wobei je nach Situation ausgewählt werden kann:

Abschlusstechniken

Alternativtechnik: Man versucht, dem Käufer die grundsätzliche Entscheidung „Ja" oder „Nein" abzunehmen, indem man zwei positive Alternativen zur Wahl stellt: „Hätten Sie lieber den trockenen oder den vollmundigen Wein?", „Wollen Sie den Wein für Ihr Fest heute mitnehmen, oder soll ich ihn bis ... zustellen?"

Zusammenfassungstechnik: Die wichtigsten Argumente werden vom Verkäufer noch einmal zusammengefasst, wobei das stärkste Argument zum Schluss kommt: „Wenn ich Sie abschließend recht verstanden habe, wollen Sie ..."

Empfehlungstechnik: Anstelle der „Referenztechnik" können auch Aussagen gemacht werden, die vom Käufer selbst als objektiv angesehen werden: „Sie sind gerade mit diesem Wein gut beraten, weil ...", „Viele Kunden wählen zur Zeit ...", „In diesem Fall ...", „Meine sehr kritischen Stammkunden nehmen ..."

Die dargestellten Möglichkeiten werden, richtig eingesetzt, schneller zu einem Verkaufsabschluss führen. Es lässt sich aber auch herausfinden, ob überhaupt ein Kaufwille vorhanden ist oder „ob sich der vermeintliche Kunde nur einen schönen Nachmittag gönnt"!

Zur **Bezahlung** sei gesagt, dass nicht nur Bargeld (Wechselgeld, Wechselkurs), sondern auch Zahlschein und gerade Bankomatkarten und Telebanking zu den zeitgemäßen Zahlungsmöglichkeiten gehören.

Vor allem nach einem gelungenen Verkauf sollte darauf geachtet werden, die positive Gesprächsatmosphäre zu erhalten. Oft bleibt beim Kunden nach Kaufabschluss ein ungutes Gefühl zurück, ob er wohl richtig gewählt hat.

positive Gesprächsatmosphäre

Beim Verpacken oder Verstauen im Kofferraum kann man z.B. noch einmal bestätigen, dass die Wahl sehr gut war und welch positives Erlebnis der Kunde damit auch seinen Freunden bzw. Gästen vermitteln wird.

bedanken für die Kaufentscheidung

Bedanken Sie sich für die Kaufentscheidung und verabschieden Sie den Kunden nicht einfach mit „Auf Wiedersehen" oder „Es würde mich freuen", sondern nennen Sie gleichzeitig Gründe, warum er wiederkommen soll: „Nächste Woche haben wir auch schon den ... abgefüllt!", „Die Verkostung am ... dürfen Sie sich nicht entgehen lassen", „Das nächste Mal haben wir auch für Ihre Kinder ..."

machen Sie dem Kunden das Wiederkommen schmackhaft

Hat sich der Kunde trotz Bemühungen nicht für das Angebot entschieden, zeigen Sie sich nicht verärgert, sondern weisen Sie darauf hin, dass er nächstes Mal gerne wieder vorbeikommen kann und eine telefonische Voranmeldung die Vorbereitungen gar erleichtert. Machen Sie dem Kunden das Wiederkommen durch „besondere Schmankerl" bzw. Angebote schmackhaft. Bedenken Sie immer, dass bei allen Kunden, auch bei solchen, die sich nicht für einen Kauf entschließen konnten, ein guter Abschluss eines Gespräches ein guter Anfang für ein künftiges Gespräch ist.

Ist ein Kunde schon zu lange ausgeblieben, fragen Sie ihn ruhig im passenden Moment nach dem Grund seiner langen Abwesenheit. Kommt er gar nicht mehr, hilft nur noch der Blick in die Kundenkartei!

Nach jedem Verkaufsgespräch – mit oder ohne Erfolg – sollte der erste Weg eine Eintragung in die Kundenkartei sein. Nur damit verschafft man sich einen Überblick über Kunden, Kundenwünsche, Verbrauch, Reklamationen usw. (Siehe Kundenkartei Seite 69).

Teilnahme an Messen und Ausstellungen

einem größeren Publikum präsentieren

Messen, insbesondere Fachmessen und Ausstellungen, sind immer willkommene Möglichkeiten, sich nach dem Motto „Ich komme zum Gast und nicht der Gast zu mir" einem größeren Publikum zu präsentieren. Selbstverständlich stellt man sich gleichzeitig in die Reihen von Mitbewerbern, so dass eine gewissenhafte Vorbereitung, Durchführung und Nacharbeit für den jeweiligen Teilnahmeerfolg entscheidend ist. Grundsätzlich sollte man sich im Klaren sein, dass eine einmalige Teilnahme nur wenig erfolgreich erscheint. Deshalb ist die Auswahl, an welchen Messen man fortan kontinuierlich teilnehmen möchte, von entscheidender Be-

einmalige Teilnahme wenig erfolgreich

deutung. Diese Auswahl richtet sich nach den jeweiligen Gegebenheiten des Betriebes (Betriebsgröße, Angebotspalette, Entfernung zum Messestandort, welchen Markt möchte ich neu bzw. zusätzlich bedienen usw).

Ziel einer Messeteilnahme ist:
– Herstellen neuer Kontakte
– Stammkundenkontakte und Verkaufsabschlüsse
– Betriebspräsentation (Neuheiten)
– Angebotsdemonstration und Imagepflege
– Markterkundung und Information
– Aufbau einer Vertretung und Test der eigenen Mitbewerber

Es gibt verschiedene Messen und Ausstellungsarten:
Je nach dem Angebot für das Besucherpublikum unterscheidet man zwischen:
– Universalmessen mit breitem Angebot
– Mehrbranchenmessen für gleichartige Produkte sowie
– zielgruppenorientierten Fachmessen als Publikumsmessen oder Fachmessen (Trade-only Fair).

Das eigene wirtschaftliche Ziel ist es, vordergründig zu überlegen: Strebe ich einen Direktverkauf an oder möchte ich die Produkte oder Neuigkeiten nur der Öffentlichkeit präsentieren.

Um Kosten zu sparen, ist es von Vorteil, anstelle einer Einzelteilnahme (Einzelstand) Gemeinschaftsbeteiligungen (z.B. Dachorganisation einer Marke oder einer Agentur) zu überlegen.

Überlegungen vor der Anmeldung:
Die Überlegungen im Vorfeld einer Messeteilnahme beziehen sich vor allem auf den Kunden; mit welchen Geschmacksrichtungen, in welchem Preisniveau, in welcher geografischer Entfernung man präsent sein will. Genauso ist zu überlegen, wie eine spätere Weinlieferung abgewickelt wird. Insbesondere bei einer Messeteilnahme im Ausland ist Bezug auf die Essgewohnheiten und die Sprache in diesem Land zu nehmen.
Damit ergibt sich auch die Überlegung des eigenen „Outfit", sowohl in puncto Standgestaltung und Produktpräsentation als auch Kleidung usw.
Werden am Stand Sitzmöglichkeiten angeboten, muss man mit einem längerem Verweilen der Kunden rechnen und die Verkaufsgespräche dahingehend abstimmen. Stehende Kunden haben eine

kürzere Verweildauer und sind im Allgemeinen durch das übrige Messegeschehen abgelenkt.

Vorbereitung vor der Anmeldung
- Hallenplan und Standposition einholen
- Stand: Form, Boden, Größe und Aussehen festlegen
- Auf- und Abbautermin
- Besucherstrom, Steh- oder Sitzstand
- Beleuchtung, Strom- und Wasseranschluss
- Lager und Kühlung
- Gläser und Glasreinigung
- Einschulung einer weiteren Begleitperson zur Standbetreuung
- Transport zum Messeort (selbst oder Spedition), Anliefertermin
- Produkte und Mengen (Weinsorten x Tagesverbrauch x Messedauer)
- Messematerial (Pressemappe, Musik, Geschenke usw.)
- PR-Vorarbeit (rechtzeitig Einladungen und Eintrittskarten an Privatkunden, Journalisten, Sommeliers, Distributeure usw. schicken und wichtige Kunden kurz vorher telefonisch kontaktieren)
- wegen Redaktionsschluss zeitgerechte Werbeeinschaltungen (Kataloge, Medien) vorbereiten
- Messeauftritte planen (spezielle Präsentation mit Produkt-Degustation), Anreise- und Quartiervorbereitung

Die „Arbeit" vor Ort:
- Überprüfung des eigenen „Outfits", um Professionalität zu vermitteln
- Standreinigung (Ordnung, Sauberkeit usw.)
- Produktvorbereitung
- Produktkontrolle (Temperatur, Vorrat usw.)
- Betriebsunterlagen vorbereiten

Kundenbetreuung:
- Kundenansprache
- Freundlichkeit
- Deklaration durch Visitkarten
- Kontaktblattnotizen (Name, Beruf, Interesse, Kommentare usw.)
- sofortige Erledigung (Angebot, Muster usw.) zusichern

Zusätzlich ist es wichtig, eine eigene Markterkundung durch Messerundgang und Mitbewerberbeobachtung einzuplanen („Storecheck").

Messe-Nacharbeit:
- Messenotizen sichten und in Kundenkartei eintragen
- Erinnerungsschreiben an Kunden (mit Terminen für Folgeveranstaltungen)
Reservierung des Lieblingszimmers, -weines, Neuheiten usw.
- Verbesserungsvorschläge und Ideen für die nächste Messebeteiligung notieren
- Finanzkontrolle (hat sich die Teilnahme kurz-/langfristig gelohnt?)

Die Kundenkartei

Wer aus anonymen Kunden Stammkunden machen will, sollte Aufzeichnungen führen. Nur so können Gäste und Kunden laufend betreut und informiert werden. Die Pflege solcher Beziehungen hat ihre Grundlage in einer gut geführten und ständig aktualisierten Kundenkartei.

Wegen ihrer Effizienz werden Kundenbriefe, Einladungen usw., aber auch Kundenbesuche, über derartige Aufzeichnungen abgewickelt. Es ist bekannt, dass Stammkunden zehnmal besser auf Informationen reagieren als anonyme Kunden. *Stammkunden, anonyme Kunden*

Inhalt und Umfang einer Kundenkartei hängen von einer genauen Recherche und aufmerksamen Beobachtung ab. Sie sollte auf jeden Fall enthalten:
- Name, Adresse, Telefon/Fax, E-Mail, Homepage
- Kundenart (privat, Wiederverkauf)
- Datum, Umfang und Sorten aller Lieferungen, eventuell Leergutevidenz
- Persönliches: erster Kontakt bzw. Anlass, Alter, Beruf, Eigenarten, Hobby, Vorliebe, Lieblingswein, Geburtstag, Familienfesttage usw.

Für kleine Betriebe reicht ein alphabetisch geführtes Registerbuch, weil es während eines Telefongespräches durchaus einen raschen Überblick ermöglicht. *alphabetisch geführtes Registerbuch*

Ein Computer mit Drucker ermöglicht darüber hinaus auch alle Verwaltungsaufgaben wie
- Kunden nach Umsatz ordnen
- Kunden nach Beruf, Geburtstag, Zahlungsmoral ordnen und
- Briefverkehr, Rechnungswesen sowie die Kellerbuchführung erledigen.

Buschenschank-Folder

Speisen und Getränke

Hier handelt es sich um „Speisen- und Getränkekarten", die ausschließlich am Betrieb aufliegen und dem Gast einen Überblick über das aktuelle Angebot an Speisen, Getränken und Sonstigem (z.B. Freizeit, Gästezimmer usw.) geben.

1. Umschlag:
Die Vorderansicht des Umschlages sollte einladend und von der Gestaltung her den Buschenschankräumlichkeiten angepasst sein. Gestaltung nach Farbe und Stil sowie Druckqualität sind Ausdruck des jeweiligen Betriebes. Die Umschlagseite kann einen Gruß, Namen und Adresse des Betriebes, das Logo oder sonstige grafische Darstellungen enthalten. Aus hygienischen Gründen ist eine entsprechende Pflege und laufende Erneuerung sicherzustellen.

2. Innenteil:
Jede Buschenschankkarte sollte einen Gruß, herzlich und in persönlichen Worten ausgedrückt, enthalten. Floskeln wie „Wir freuen uns auf Ihren Besuch" sind wegzulassen, viel wichtiger ist der Hinweis auf genussanregende Angebote, wobei Speisen und Getränke gleichwertig aufscheinen sollen.

Sehr dankbar sind Gäste für diverse Zusatzinformationen wie nahe gelegene Sehenswürdigkeiten (Fotopunkte, Wanderwege usw.).

3. Speisen- und Getränkekarte:
Zur besseren Übersicht sind Speisen und Getränke geblockt anzuführen und klar zu gliedern. Alle angebotenen Speisen und Getränke sollten mit Preisen versehen sein. Bei hofeigenen Spezialitäten ist eine erklärende Kurzinformation sinnvoll.

Zusätzliche Angebote (Destillate, Kernöl, Wein zum Mitnehmen, Geschenke usw.) sollten unbedingt erwähnt werden, um einen Impulskauf zu ermöglichen.

Endverbraucher und Wiederverkäufer

Bei **Preislisten** ist farblich zwischen Endverbraucher und Wiederverkäufer zu unterscheiden, wobei Endverbraucher Wiederverkaufslisten nicht zu Gesicht bekommen dürfen!

Kommunikation nach außen

Mailings – das „schriftliche" Verkaufsgespräch

Es ist bekannt, dass viele Anfragen und Rückantworten telefonisch erledigt werden. Trotzdem kommt dem Briefverkehr im Geschäftsleben große Bedeutung zu (Fax, Einladungen, Kundenbriefe, Postwurfsendungen usw.).

Fax:
In der Kopfzeile jedes Faxblattes sind Absender und Sendezeitpunkt vermerkt. Besser eignen sich Vordrucke, die anlassbezogen gestaltet sind, wobei grafikunterstützte Mitteilungen einen höheren Informationswert haben (z.B. lustige Einladung zur Jungweinkost mit Kinderprogramm usw.).

Zukünftig sind Aussendungen per E-Mail durchaus zu überlegen. Dies bedingt natürlich die Sammlung und Auflistung der Kunden-Mailadressen.

Einladungen, Kundenbriefe:
Solche Schriftstücke sind äußerst übersichtlich zu gliedern und sollen: *übersichtlich gliedern*
- Aufmerksamkeit erregen
- Information geben bzw. Wünsche und Interesse wecken
- Antworten geben und zum Handeln auffordern!

Um das zu erreichen, sollte Folgendes beachtet werden:
- maximal 6 bis 7 Zeilen pro Absatz (Durchschnitt: 3 bis 4 Zeilen)
- kurze und verständliche Sätze mit maximal 10 bis 12 Wörtern pro Satz (ein Gedanke)
- Vorteile einrücken bzw. unterstreichen
- Aufforderung zum Handeln oder wichtiger Vorteil im PS (**P**ost **S**criptum wird immer gelesen!)
- lesbare Unterschrift (eventuell mit Tinte)
- bei schöner Schrift handschriftlich verfassen!
- Kuvert mit Sondermarke frankieren
- ....

Postwurfsendungen:
Sie werden hauptsächlich als Massensendung (Preisvorteil!) gezielt (mit Adresse) aus der eigenen Kundenkartei an das Zielpublikum (über Adressfirmen erhältlich) oder als „Postentgelt bar bezahlt" an einen Haushalt geschickt.

Ungewollt erhaltene Mailings sind für den Empfänger der unwichtigste Lesestoff. Die Vorteile für den Leser müssen bereits in den ersten zwei Sekunden erkennbar sein, wobei Bilder, Headlines usw. einen Blickfang darstellen sollten.   *Blickfang*

Jeder Text sollte zuerst einen Höhepunkt mit Schlagworten enthalten (Headline) und den Leser (und nicht den Betrieb) in den Mittelpunkt stellen.

Werbetexte

Viele Kaufentscheidungen werden aus dem Bauch heraus getroffen, so dass Werbetexte gefühlsbetont ausfallen sollten: Nicht der Wein, sondern die Wein- und Tischkultur (Lifestyle) müssen eine zentrale Aussage haben, weil nur diese beweisbar sind.

Dieselben Grundsätze sind auch bei **Kundenzeitschriften,** die mehrmals im Jahr an das Zielpublikum gerichtet sind, zu beachten. Layout, Aktualität und die Gestaltung mit schönen Fotos erhöhen die Lesebereitschaft.

Unsere besten Kunden sind ständig in Gefahr, von anderen Mitbewerbern angesprochen zu werden.

Wer sich nur dann meldet, wenn er etwas zu verkaufen hat, unterschätzt die Wirkung einer guten Käufer-Verkäufer-Beziehung.

Inserate:

hohe Kosten

Wegen meist hoher Kosten und schwer nachvollziehbarer Rückmeldungen werden Inserate eher selten geschaltet. Häufig dienen sie als „Draufgabe" zu bereits bestehenden Werbemaßnahmen und sind demnach nur in Verbindung mit einem „PR-Artikel" werbewirksam. Auch hier gilt „einmal ist keinmal", d.h. ab mindestens drei Einschaltungen im selben Medium besteht Aussicht auf Erfolg.

Reine Textinserate z.B. in Festschriften, Messekatalogen, Vereinsnachrichten usw. haben wie so manch andere Werbung Sponsorcharakter.

Erfolgreich sind Inserate, wenn sie:
- als PR-Artikel getarnt sind,
- richtig gestaltet und platziert sind (Umschlagrückseiten),
- Kunden zum Handeln auffordern,
- eine Rücklaufkontrolle ermöglichen und die
- Zusammenarbeit, etwa im Tourismus, ermöglichen.

Die Pressemappe

Sie dient Informationsträgern (Journalisten usw.) als Schrift- und Bildunterlage, kann aber auch als Deckmappe für Weinkarten, Kostnotizen usw. Verwendung finden. Die Außengestaltung kann individuell nur mit Logo oder kombiniert mit Name und Adresse gestaltet werden. Im Innenteil sollen auf ein bis zwei Seiten die wichtigsten allgemeinen Betriebsinformationen (Kurzform einer Betriebsbeschreibung) sowie in Laschen Platz für briefliche Nachrichten, Fotos, Prospekte, Etiketten, Visitkarten usw. sein.

Die Größe in A4-Überformat ist sinnvoll; wegen eines möglichen Postversandes ist die Pressemappe auf entsprechende Kuvertgröße abzustimmen. — **Format**

Presseinformationen sind am besten knapp und präzise, wobei die wichtigsten Informationen (Headline) am Beginn stehen. Die Überschrift selbst sollte schon Aufmerksamkeit erregen.

Die Fragen „**wer, was, wann, wie (warum), wo**" sollten das Ereignis klar gliedern, wobei sich die Schreibweise in der dritten Person bewährt hat. „Das Weingut N. N. bietet seinen Gästen erstmals ..." usw. — **klar gliedern**

Wichtig ist auch, die jeweilige kompetente Kontaktperson mit Adresse und Telefonnummer zu nennen.

Das beigelegte Bildmaterial (bei schwarz-weiß-Druck 18 × 13, bei Farbdruck Dias oder Farbpositiv; bei Digital mindestens 300 dpi) sollte inhaltlich mit einem kurzen Bildtext versehen werden. Dieser Text soll nicht das Bild erklären, sondern eine Kernaussage des Betriebes oder der Veranstaltung darstellen.

Zu jeder Jahreszeit und bei jeder Arbeit ist es ratsam, von allen Produkten usw. Bildmaterial zu sammeln. — **Bildmaterial sammeln**

Die Gestaltung eines Betriebsprospektes

Der Betriebsprospekt soll die Kunden über den Betrieb und die Produkte informieren bzw. darauf aufmerksam machen. Er ist eines der wichtigsten Streuartikel des Betriebes und sollte gerade deshalb mit der nötigen Sorgfalt hergestellt werden. Je nach Inhalt ist eine 4-seitige oder 6-seitige Faltung empfehlenswert (Briefversand!).

Ein schön gestalteter Prospekt eignet sich bevorzugt
- als Unterstützung bei allen Verkaufsgesprächen
- als Postwurfsendung für Stamm- und Neukunden
- als Beilage in Verkaufskartons
- zur Auflage in Geschäften
- zur Steuerung der Mund-zu-Mund-Propaganda

1. Das Deckblatt (Titelseite):

einprägsam und wiedererkennbar

Ein Bild sagt mehr als 1000 Worte, weshalb gerade der erste Eindruck einprägsam und wiedererkennbar sein soll. Demnach ist ein Firmenzeichen (Logo) die ideale Möglichkeit, unverwechselbar zu wirken. Plakativ und zeitlos modern gestaltete Logos bedürfen einer professionellen Grafik und sollten alle Marketingelemente begleiten. Häufig kann durch das Logo Name und Adresse auf der ersten Seite entfallen. Auch die Angabe von E-Mail und Internetadresse, eventuell mit Oneline-Shop, erscheint immer wichtiger.

2. Die Betriebspräsentation:

Mit einfachen Worten und kurzen Sätzen wird der Betrieb (Familiengeschichte, Tradition, Sorten, Arbeitsweise, Pflege im Weingarten und Keller, Weinbaugebiet, Ziele bis hin zum Mitarbeiterstand) dargestellt.

Kundeninformation persönlich und spannend gestalten

Diese Information für den Kunden sollte persönlich und spannend gestaltet werden und sich von jedem Mitbewerber klar unterscheiden. Die Auflockerung des Textes durch aktuelle Fotos hat sich vielfach bewährt.

3. Die Produktbeschreibung:

Diese Information ermöglicht die sehr schmackhafte Vorstellung des Weinsortiments und der anderen Betriebsprodukte (Spezialitäten).

Weine klar und nachvollziehbar beschreiben

Die Weine sollte man unbedingt mit klaren und nachvollziehbaren Worten beschreiben und, wenn möglich, durch Analysewerte ergänzen.

Hinweise über die Verwendung des richtigen Glases, der richtigen Trinktemperatur, der Lagerfähigkeit sowie die Kombination „der richtigen Weinsorte zum richtigen Essen" zeugen von der eigenen gelebten Weinkultur.

Die Angabe von Preisen ist bei sehr aufwändig gestalteten Prospekten nicht ratsam und kann durch jährlich neu aufgelegte Preislisten als „Einlageblätter" ergänzt werden. Solche Preislisten können sehr treffend formulierte Jahrgangsbeschreibungen enthalten.

4. Die Verkehrsspinne:

Orientierungshilfe für neue Kunden

Prospekte sind die einfachsten Massen-Werbeträger. Durch die leichte Verteilungsmöglichkeit (Mitnahme durch Kunden, Beilage zu Kartons, Postversand, Verteilung auf Märkten usw.) sollten sie eine Orientierungshilfe für neue Kunden sein.

Mittels einer grafischen Skizze, ausgehend von größeren Städten und Orten, sollten die Zufahrtswege zum Betrieb festgehalten werden. Zur besseren Gesamtorientierung sollte auch eine großräumige geografische Zuordnung (Bundesland) ersichtlich sein. Der eigentliche Zielpunkt sollte durch eine auffällige Farbe und durch die Darstellung des Logos leicht erkennbar sein.

5. Verkaufs- und Lieferbedingungen:

Als sehr angenehm empfinden die meisten Kunden die schriftlich festgehaltenen Verkaufs- und Lieferbedingungen – sie fördern bei den Mitarbeitern des Betriebes auch eine einheitliche Vorgangsweise in Bezug auf Preis usw.

So können Transportarten und -kosten, Flascheneinsatz und eventuelle Leergutrücknahme, Zahlungsmodalitäten, Gültigkeitsdauer der Preise, Geschäftszeiten, aber auch Reklamationen festgehalten werden.

6. Bestellkarte:

Eine integrierte Bestellkarte (meist in Verbindung mit der Weinkarte) verschafft dem Kunden einen raschen Produktüberblick und somit einen leichteren Kaufentschluss. Diese sollte stets aktuell gehalten werden (handschriftlich oder Stempel: z.B. „ausgetrunken", usw.) und erfordert eine laufende Kontrolle.

Eine Bestellkarte sollte enthalten:
- attraktive Gestaltung
- Vordruck mit Anschrift des Betriebes (mit Logo)
- Markenvordruck mit Logo und dem Vermerk „Bitte ausreichend frankieren" oder „Postentgelt zahlt Empfänger"
- Vordruckzeilen für den Absender mit Telefon und Fax-Angabe
- Bestelltabelle mit Spalten für Anzahl, Sorte, Jahrgang und Preis
- Zeile für Bestelldatum und Unterschrift sowie einen kleinen Freiraum für spezielle Kundenwünsche.

Die Gestaltung von Briefpapier, Kuverts und Visitkarten

Wie alle Werbemittel müssen auch diese Informationsträger durch ihre Wort-Bild-Marke (Logo) sowie die Papierauswahl nach Farbe, Gewicht und Qualität zum Erscheinungsbild des Betriebes passen. Insbesondere das Layout und die farbliche Gestaltung können Stimmungen vermitteln, über einen Slogan (eventuell unterstützt durch Grafik oder Foto) informieren und Angebotsvorteile schaffen.

Erscheinungsbild des Betriebes

Name, Adresse, Telefon und Fax, E-Mail usw. sollte man grafisch darstellen.

Kuverts haben entsprechend der Papierfaltung unterschiedliche Formate und sollten Name, Adresse, Telefon, Fax, E-Mail und das Logo (eventuell als Briefmarke dargestellt) aufweisen.

Die **Visitkarte** ist dem Briefpapier anzupassen und ebenfalls mit dem Logo zu gestalten. Neben der vollständigen Anschrift mit Telefon- u. Faxnummer, E-Mail und Internetadresse sind die Empfänger zumeist auch dankbar für Informationen über Produktschwerpunkte und eine Verkehrsspinne, wobei auch die Rückseite für Informationen nützbar ist!
Visitkarten sollten ein „Scheckkartenformat" haben.

Die Beschilderung:

Jede Beschilderung ist für den Ab-Hof-Verkauf eine wichtige Voraussetzung, weil gut gestaltete Schilder Signalwirkung haben. Schilder sind oft der erste Hinweis, den die Kunden vom Betrieb erhalten, weshalb auf *professionelle Gestaltung und einen ausgezeichneten äußeren Zustand* zu achten ist. Ähnlich den Verkehrsschildern werden Kunden so zum Zentrum des Betriebes (Verkaufsraum, Buschenschank usw.) geführt.

Betriebe direkt neben einer Hauptverkehrsstraße finden meist mit einer geeigneten Hoftafel ihr Auslangen. Bei entlegenen Betrieben ist eine Hofbeschilderung durch zusätzliche Hinweistafeln ratsam. Es ist sinnvoll, die Entfernung zum Betrieb in m/km anzugeben (Hinweistafeln auf öffentlichen Flächen bedürfen länderunterschiedlich einer Sondergenehmigung durch die Verwaltungsbehörde!).

Eine gut lesbare Schriftgröße sollte bei Großbuchstaben 12 cm und bei Kleinbuchstaben 9 cm nicht unterschreiten. Auf Kontrast und Schriftart ist zu achten.

Dieselben gestalterischen Grundsätze gelten auch für Fahnen, Displays, Plakate, Flugblätter, Poster, Fahrzeugwerbung usw.

Das richtige Verkaufsgespräch beim Telefonieren

Telefone bzw. integrierte Fax-Geräte sowie Internet-Anschlüsse sind aus der modernen Kommunikation nicht mehr wegzudenken. Deshalb ist es von entscheidender Bedeutung, dass insbesondere Telefongespräche entsprechend effizient geführt werden:

- Der Verlauf eines Verkaufsgespräches am Telefon hängt ausschließlich von der gedanklichen Vorbereitung **vor dem Wählen** ab!
- Längeres Telefonieren erfordert höchste Konzentration: Es ist gut, einzelne Punkte schon vor dem Abheben des Hörers zu notieren. Wer den Faden verliert, gibt die Führung des Verkaufsgespräches ab und wirkt stümperhaft!
- Fröhlichkeit signalisiert dem Gesprächspartner die eigene Motivation. Lächeln kann man hören – vermitteln Sie Ihrem Leitungsende dieses Bild.
- Sagen Sie so oft wie möglich „bitte" – aber nie am Satzende!
- Frauenstimmen wirken in vielen Fällen angenehmer.
- Sollte das Gespräch aus irgendeinem Grund unterbrochen werden, sollte sich der Anrufer höflichkeitshalber nochmals melden.
- Das Telefon ist dazu da, um Wichtiges rasch mitzuteilen.
- Das Klingeln des Telefons unterbricht bzw. stört die Arbeit des Angerufenen. Überlegen Sie daher Anrufzeit und Dauer des Gespräches!
- Der Telefonplatz sollte ein ruhiges und ungestörtes Sprechen und Mitnotieren ermöglichen.

Die häufigsten Fehler beim Telefonieren:
- Bei 3 von 20 Anrufen geht niemand ans Telefon.
- Bei 3 von 10 Anrufen ist die Person, die zum Telefon geht, uninformiert und ungeschult (Kinder bzw. anderes Familienmitglied usw.)
- Bei 2 von 10 Anrufen wird das „Knacksen" des Leitungsaufbaus nicht abgewartet und das Gespräch mit „Hallo", „Ja" bzw. „Bitte" begonnen.
- 45 % der Verkäufer könnten freundlicher sein!
- Preisliste und Schreibmaterial liegen nicht bereit – somit wird die Anfrage nicht notiert bzw. irgendwohin gekritzelt.
- Auf bestimmte Kundenwünsche kann meist nur unzulänglich geantwortet werden – d.h. die Kunden wollen zunehmend mehr Informationen!
- Die wirklich überzeugenden Argumente für einen Kauf werden nicht genannt (nennen Sie mindestens drei Vorteile!).
- Verkaufsgespräche werden mit zu wenig Konsequenz geführt (Geplapper!).

Tipps zur Verbesserung des Verkaufsgespräches am Telefon:

- Telefonnotizformulare bzw. Block beim Telefon auflegen und Schreibmaterial dazugeben (eventuell anketten). Günstig wären nummerierte Blätter und je nach Zielgruppe unterschiedlich gefärbtes Papier.
- Familieninterne Telefonverkaufsschulungen für jeden, der telefoniert.
- Testanfragen per Telefon durchführen lassen!
- Sind wichtige Unterlagen in Telefonnähe? Preisliste, Kundenkartei, Kalender, Ortsprospekte, Veranstaltungskalender usw. (eventuell in eigener Mappe).
- Hörer abheben, Leitungsknacksen abwarten, klar und deutlich melden: „Name ..., Guten Tag", „Weingut ..." usw. „Hallo" oder „Ja" sind kein guter Beginn!
- Den Gast so oft wie möglich mit seinem Namen ansprechen.
- Komplizierte Namen buchstabieren lassen (siehe Buchstabiertabelle S. 105).
- Bestelldaten genau aufschreiben und Erledigungen rasch zusichern.
- Problemlösungen anbieten („Geht heute noch zur Post" usw.). Sortenaufteilung ermöglichen, eventuell andere Produkte mitanbieten.
- Die Vorteile der eigenen Erzeugnisse für diesen speziellen Kunden überzeugend darlegen und Begleitvorteile (Urlaub, Messen, Weinkost, Exkursion, Ausstellungen und Veranstaltungen) nennen. Durch den Zusatznutzen bietet man Problemlösungen und Ideen an!
- Stets versuchen, aus der Anfrage eine Bestellung zu machen („Wenn Sie möchten, können wir das gleich fixieren", „Das würde sich mit der Zustellung am ... gut verbinden lassen"). Trotzdem nicht all zu geschäftsbezogen sprechen!
- Freundlichkeit und Natürlichkeit ausstrahlen.
- Für die Mühe des Anrufes bedanken und „Schönen Tag/Woche/Wochenende" usw. wünschen.
- Überlegen Sie deshalb den Ankauf von:
  Telefon-Anrufbeantworter
  Schnurlos-Telefon bzw. Handy
  Nebenstellenanlage
  E-Mail, Internet

Einem gut geführten Telefongespräch kommt enorme Bedeutung zu, ist doch die Stimme Ausdruck der jeweiligen Persönlichkeit. Telefon-Anrufbeantworter sind nur für Ausnahmefälle angeraten (Urlaub usw.), dabei sollte der Vorspann-Text kurz, freundlich und eventuell mit Musik untermalt sein.

die Stimme ist Ausdruck der Persönlichkeit

Die Werbung

Werbung ist „*eine verkaufspolitischen Zwecken dienende, absichtliche und zwangsfreie Form der Beeinflussung, welche mittels spezieller Kommunikationsmittel zur Erfüllung des Werbezieles veranlassen soll.*"

Weil Weine mit gleichen Analysewerten zum Mitbewerber austauschbar sind, sollte mittels Werbung ein eigenes Profil geschaffen und damit Käuferwünsche geweckt werden. Werbung kann z.B. über Prospekte, Zeitschriften, Plakate, Rundfunk und Fernsehen erfolgen. Sehr effizient ist Mund-zu-Mund-Propaganda.

Die positiven Reaktionen sollten bevorzugt Bedürfnisse wecken und müssen nicht unbedingt mit dem Kauf des Werbeobjektes enden. Werbung kann auch die richtige Kaufentscheidung bestätigen.

Werbung ist das „Sprachrohr des Marketing", das die Voraussetzungen für die Marketingmaßnahmen (neue Produkte, Produkt- und Preisänderungen, andere Vertriebsformen usw.) schafft.

Sprachrohr des Marketing

Jedes Werbeschema hat folgende Grundsätze:
- Was vermittle ich?
- Unter welchen Bedingungen?
- Über welche Möglichkeiten?
- Zu welchen Kunden?
- Mit welcher Wirkung?

Erst wenn Produkt und Zielgruppe bekannt sind, können Werbebotschaften vermittelt werden. Die Werbemittel sollten sinnvoll ausgewählt und kombiniert werden, wobei der Werbezeitpunkt und die Bewerbungsdauer immer mit Erfolgskontrollen abzuschließen sind.

Dem Weinbauern stehen, abhängig von den finanziellen Voraussetzungen, verschiedene Werbemöglichkeiten zur Verfügung.

„schlummernde"
Reserven

Grundsätzlich sind „Ordnung" im Betrieb und Mund-zu-Mund-Propaganda die einfachsten und kostengünstigsten Möglichkeiten. Zuerst sollten Sie immer „schlummernde" Reserven nutzen, bevor teure Werbemaßnahmen überlegt werden!

Werbeziele:

- Steigerung des Umsatzes durch Erhöhung der wert- und mengenmäßigen Nachfrage bei Stamm- und Neukunden
- Kostenersparnis: Werbung für bestimmte Mindestaufträge, Zahlungsformen, Kombi-Angebote, Preisvorteile usw.

Da jedes Werbeziel eine eigene Werbestrategie erfordert, ist eine enorme Grundkenntnis des Konsumverhaltens der Zielgruppe notwendig. Hiezu bedarf es einer klaren Vorstellung, welche persönlichen Ziele man verfolgen möchte und welche Bedeutung diese Maßnahmen für Betriebsablauf und Einkommen haben.
Jede Spezialisierung verbessert die Erfolgschancen durch eine Alleinstellung.

Es gibt keine Werbung, die alle Käufer gleichzeitig und gleich gut anspricht:
Die Werbeschlagworte „Gesundheit", „Fitness", „Natur" usw. beeindrucken selten dieselben Kunden wie „bäuerlich" und „rustikal".
Zur Erreichung eines Werbezieles sind auch Kooperationen innerhalb der Berufsgruppe notwendig.

Neidhälse und „Trittbrettfahrer" waren langfristig nie erfolgreich.

Werbeinhalt:

Aufmerksamkeit erregen

Durch Erregen von Aufmerksamkeit informiert man den Kunden über Produkte, Verwendung, Qualität, Preis, Lagerfähigkeit, Zusatznutzen usw.

Solche Botschaften müssen positiv sein und sollten keinesfalls Unwahrheiten enthalten. Es ist schwierig „kurze, aber informative, neue, aber nicht sensationelle, einfache, aber nicht harmlose" Werbetexte zu verfassen, wobei Bilder oder grafische Darstellungen viele Worte ersetzen.
Keinesfalls dürfen Mitbewerber diskriminiert werden!
Auch hier muss der Text zuerst Höhepunkte mit Schlagworten enthalten (Headline) und den Leser (und nicht den Betrieb) in den Mittelpunkt stellen.

Die Werbemittel:

Damit die Ideen und Inhalte „ankommen", werden unterschiedlich wahrnehmbare Werbemittel eingesetzt. Bei jedem Werbemitteleinsatz sind zwar die Kosten eruierbar, nicht aber der wirtschaftliche Erfolg.

- Verkaufsgespräch (Weinkost, Weinpräsentation, Telefonwerbung),
- Verkaufsraumgestaltung, Schaufenster, Präsentationsecken,
- Teilnahme an Messen und Ausstellungen,
- Beschilderung, Hinweistafeln,
- Prospekte, Betriebslogo, Visitkarten, Flugblätter, Pressemappen, Display,
- Werbebriefe, Ansichtskarten, Postwurfsendungen,
- Betriebsveranstaltungen: Einladungen zur Weinkost, Kostseminare,
- Jahrgangsvorstellung, Tag der offenen Kellertür, Lesefest, Hoffest,
- Geschäftsdrucksachen (Stempel, Briefmarken, Briefpapier, Kuverts),
- Kostproben, Plakate, Poster,
- Werbegeschenke wie Tischaufsteller, Gläser, Korkenzieher, Servietten,
- Schreibblock, Schreibutensilien, Etiketten, Anhänger, Aufkleber, Buttons, Fahnen,
- Tischwimpel, T-Shirt, Schirme, Kundenzeitschriften, Prominentenwerbung,
- Verpackungsmaterial (Flaschen, Wickelpapier, Karton, Kisten, Tragtaschen),
- alle Serviceleistungen,
- Fotoalbum, Dias, Videofilme,
- Fahrzeugwerbung,
- Printmedien (Fachzeitschriften, allgemeine Zeitungen, Leserbriefe),
- Rundfunk, Fernsehen usw.

Viele einzelne Werbemaßnahmen können sich so genannter **Werbeträger** bedienen (Zeitungen, Plakatwand, Litfasssäulen, Anschlagtafeln, Tourismus- und Ortsprospekte, Fernsehsendungen usw.).

Einmalige Werbemaßnahmen sind oft nur „Strohfeuer", d.h. erst durch laufende Information bleibt das Produkt „in aller Munde".

Werbeträger und Werbezeitpunkt

Bei jedem Werbemittel wird es Streuverluste geben, so dass Werbeträger und Werbezeitpunkt ganz wesentlich den Erfolg mitbestimmen: z.B. ist beim Verkauf von Saisonprodukten (Weihnachtswein usw.) eine exakte Planung bei Kommunikation und Kontrolle notwendig!

Mundpropaganda

Ein wesentlicher Werbeträger ist die Mundpropaganda, weil sie gratis ist und direkt – sehr glaubhaft – vom zufriedenen Kunden aus erfolgt. Die eigenen positiven Charaktereigenschaften (freundlich, hilfsbereit usw.) können, verbunden mit einer Bitte an den Kunden (z.B. Weitergabe von Information an Bekannte, Arbeitskollegen usw.), den Umsatz wesentlich steigern bzw. absichern. So ist die umfangreiche Schulung der eigenen Mitarbeiter, ja sogar ein eigenes Beschwerdemanagement bei Reklamationen, Teil dieser Werbung.

„Tue Gutes und lasse darüber reden!"

Negative Mundpropaganda kann sehr rasch zu einem Imageverlust führen! Notorische „Nörgler" sollen erkennen, dass angebrachte Kritik erwünscht ist, aber Nörgeleien zu keiner Verbesserung führen. Oft ist es besser, auf solche Kunden zu verzichten als zu versuchen, „es allen Menschen Recht zu machen"!

Werbeerfolgskontrolle:

Die Überprüfung eines Werbeerfolges ist sehr schwierig. So kann der Umsatzanstieg, der Rücklauf an Antwortkarten bzw. Kupons oder Gutschriften sowie auch die Kundenbefragung über den Bekanntheitsgrad des Produktes oder Betriebes eine teilweise Werbeerfolgskontrolle darstellen.

Verkaufsförderung

Direkte und indirekte Verkaufsförderung

Das Zielpublikum wird durch „Pushen" informiert und zum Kauf angeregt (Werbeveranstaltungen, Verteilung von Gutscheinen und Kostproben, Prospekte, Werbegeschenke, Gewinnspiele, Sonderangebote, Festveranstaltungen usw.).

Verkaufsförderung ist nur im weitesten Sinne Werbung und wird mit dem Sammelbegriff „Sales Promotion" umschrieben. Damit kann kurzfristig der Absatz stimuliert werden. Solche Aktionen können das eigene Verkaufspersonal (Staff Promotion), aber auch den Wiederverkäufer (Dealer Promotion) und den Konsumenten (Consumer Promotion) betreffen.

Sales Promotion

Maßnahmen wie Mitarbeiterschulungen, Aufstellen von Displays, Informationen zu Wein und Gesundheit, Kochbücher, Testurteile, Geld-zurück-Aktion, Kunde-wirbt-Kunde, Auszeichnungen, Referenzen, Beteiligung an Vorführungen und Messen, Verpackung usw. sind aktive Verkaufsförderungen.

Viele verkaufsfördernde Maßnahmen werden von diversen Interessenvertretungen wahrgenommen oder können bei Kooperationen auf die einzelnen Mitglieder aufgeteilt werden.

verkaufsfördernde Maßnahmen

Die Öffentlichkeitsarbeit (PR = Public Relations)

Diese umfasst alle systematischen Maßnahmen, um der Öffentlichkeit ein positives Bild vom Produkt (Betrieb) zu vermitteln und um das Vertrauen und den Bekanntheitsgrad zu steigern. Dazu gehört vor allem die Beziehungspflege zu Journalisten, Mitarbeitern von Behörden, Parteien, bekannten Institutionen, angesehenen Persönlichkeiten aus Kultur, Sport usw.

ein positives Bild vermitteln

Beziehungspflege

PR ist auch eine wichtige Grundlage für alle Marketingaktivitäten, weil damit ein positives Image für den Betrieb geschaffen und gepflegt wird. Jeder Mitarbeiter und Angehörige erfüllt PR-Aufgaben für sich und den Betrieb, die sowohl positiv wie auch negativ (z.B. Verhalten in der Öffentlichkeit) sein können.

Durch vielfältige Informationen an Konsumenten, Medien, Organisationen und Behörden schafft man Vertrauen. Solche Informationskontakte müssen aktuell, verständlich, sachlich, glaubwürdig und überprüfbar sein.

Journalisten, Künstler, Sportler, Politiker, Ärzte, Akademiker usw. können positive, aber auch negative Meinungsbildner darstellen. Vordringliche Aufgabe der Öffentlichkeitsarbeit ist das Gewinnen von Vertrauen zu diesen Personen und die systematische Kontaktpflege z.B. durch Hofveranstaltungen, Betriebsbesichtigungen, Gourmet-Essen, Vorträge, Kinderaktionen, Teilnahme an Messen und Ausstellungen, Inserate usw.

Die Vertriebswege (Distribution)

der direkte Weg

Die Entscheidung über den gewählten Vertriebsweg ist sehr langfristig und nachhaltig zu treffen. Akzeptanz, Attraktivität, Bekanntheit und Kundenüberraschung hängen in hohem Maße vom gewählten Vertriebsweg ab. Der direkte Weg ermöglicht dem Weinbauern nicht nur, Informationen weiterzugeben, sondern auch, Rückmeldungen für zukünftige Entwicklungen entgegenzunehmen.

Der direkte Weg zwingt aber zu einer entsprechenden Aufbereitung des Weinbauernhofes bzw. Weingutes. Erwartete Leistungen auf dem direkten Weg sind Erlebnisse rund um den Wein (Verkostungen, Kellererlebnis usw.).

Für die meisten Weinbauern führt der jeweilige Vertriebsweg zu einer ungeteilten Treue der Gäste und gleichzeitig zu einer aktiven Präferenz auf Trinkerseite.

Auch ein eigener „Außendienst" ist ab einer gewissen Größe zu überlegen – auch hier könnten sich sinnvolle Kooperationen mit anderen Weinbauern ergeben.

der indirekte Weg

Weiters sind private „Auslieferungslager" in Gebieten ohne Weinbau zu überlegen. Der indirekte Weg lebt davon, dass diejenigen, die den Verkauf bzw. Vertrieb übernehmen, einen richtigen, besseren und akzeptierten Kontakt zum „Weinkonsumenten" haben. Somit ist die herausforderndste Aufgabe am indirekten Weg, den richtigen Partner zu finden, der Bekanntheit hat, der Image hat, der Kontinuität aufweist, also beständig ist, der Nähe zum Kunden aufweist und darüber hinaus mit Herz und Hirn den Weinbauern vor Ort zumindest teilweise ersetzt.

Der indirekte Weg kann der Handel sein (egal ob Groß- oder Einzelhandel), der Spezialfachhandel, Vinotheken oder die Gastronomie.

weniger ist mehr

Einige wenige Vertriebsstellen sollten vom Weinbauern intensiv betreut, informiert, motiviert und begeistert werden. Diese Begeisterung soll dann langfristig weitergetragen werden. Hände weg von Versuchen, Hände weg von zu vielen Wegen hin zum Endkunden; auch hier ist weniger oft viel mehr. Selektive Partnerschaften sind der Garant für einen langfristigen Erfolg. All die beschriebenen Wege sind traditionelle Wege.

traditionelle Wege – neue Wege

Daneben gibt es aber auch zunehmend ganz neue Wege:

Vertreterbesuche, Weinpartys und Online-Shops sind nur einige Möglichkeiten. Auch im Bereich von Messen, Veranstaltungen und Ausstellungen bis hin zu Events gibt es mannigfaltige Möglichkeiten, Vertriebswege zu nutzen. Dabei ist es wichtig, dass Position und Profil nicht verwässert, sondern gestärkt werden.
„Zeig mir deine Partner und ich sage dir, wer du bist" gilt insbesondere in Bezug auf den Vertriebsweg.

Zusätzlich sei erwähnt, dass nicht für jeden Weinbauern alle Wege offen stehen. So mancher Weg ist entweder überfüllt oder zu teuer. Vor allem, wenn ein als gut erachteter Weg als zu teuer empfunden wird, sollte man intensiv über Vertriebskooperationen nachdenken.

Es klingt oftmals sehr verlockend, viele verschiedene Wege (direkte, indirekte) zu gehen; aber vor allem auf Grund von logistischen Überlegungen, aus der Sicht des Weintrinkers und um Verwirrungen vorzubeugen, ist eine derartige Vielfältigkeit zu vermeiden.

Einen Hauptweg gehen, den allerdings sehr konsequent und langfristig, und diesen Hauptweg durch maximal zwei Nebenwege ergänzen, diesen aber nicht ersetzen oder konkurrenzieren, wäre eine gute Lösung.

ein Hauptweg, maximal zwei Nebenwege

Marketing-Mix im Überblick

die richtigen Aktivitäten

Die Anzahl der Weinbauern ist in den letzten Jahren nicht nur der Menge, sondern auch der Qualität nach gestiegen. So gewinnen auch auf dem intensiven Weinwettbewerbsmarkt die richtigen Aktivitäten zunehmend an Bedeutung.

Das Produkt Wein und die damit verbundenen Leistungen verbessern, das Preis-Leistungsverhältnis steigern, neue Vertriebswege gehen und Botschaften kreieren, die aktivieren (transportiert durch Botschaftsträger) – dies sind nur einige wenige Möglichkeiten.

Leider sind viele Weinbauern aber nicht in der Lage, diese Aktivitäten zeitlich, finanziell und inhaltlich sinnvoll zu gestalten.

Folgende vier Beispiele von Winzern (von ihnen sollte man sich abheben bzw. distanzieren!) sind zur Zeit am häufigsten verbreitet:

Der Produkt-/Produktionsbesessene:

neue Produkte und Produktentwicklungen

Er kümmert sich fast ausschließlich um kostengünstige und/oder qualitätsvolle Produktion und ist dauernd damit beschäftigt, neue Produkte und Produktentwicklungen zu suchen und zu finden. Dabei vergisst er nur allzu oft auf die für den Erfolg notwendige Kundenbetreuung („Durchs Reden kommen die Leute und der Kunde mit dem Wein zusammen"). Produktverliebt fühlt er sich oft vom Kunden unverstanden und mutiert zum Weinmärtyrer.

Wer sein Produkt mehr liebt als den Kunden, dem bleibt meist nichts anders übrig, als qualitativ hochwertigen und innovativen Wein möglichst preisgünstig zu verkaufen.

Der exzessive Weinwerber oder der Weinkommunikator:

Gestaltung Umfeldambiente

Diesem Weinbauerntyp sind vor allem die optische Gestaltung (Etiketten, Flasche, Flyer, Folder usw.) und das gesamte Umfeldambiente (Keller, Fahrzeug usw.) wichtiger als das Produkt selbst. Er kümmert sich um Drucksorten, liebt den Dialog und vergisst oftmals auf Produktweiterentwicklung. Dieser Weinwerber hat meist nicht nur eine exzellente und sogar freundschaftliche Gesprächsbasis mit seinen Kunden, sondern glänzt auch durch eloquente Kundenbetreuung.

Kurzfristig führt diese Methode oft (auch medial) zum Erfolg. Mittel- und langfristig ergeben sich aber auch Probleme. Denn das Produkt, der Wein selbst, kann die hohen, aus der Kommunikation mit dem Anbieter entstanden Erwartungen, nicht einmal mehr im Ansatz erfüllen – der Weinabsturz ist vorprogrammiert.

Der Wein – „High speedy": Der Weg ist das Ziel – aber führen wirklich so viele unterschiedliche Wege ins Herz der Kunden?

Das Verhalten dieses Typs ist geprägt von der intensiven Suche nach neuen und alternativen Vertriebswegen, Vertriebstechniken und Vertriebspartnern.

Leider ist es auf Grund der Mengen des Angebots oft nicht möglich, so viele verschiedene Wege zu gehen. Dieser Typ sucht und findet so nicht nur den wichtigen, zum Image passenden Hauptweg, sondern findet und probiert alle möglichen (Neben)Wege. Auch so kann man sinnlos Energien verbrauchen! Diese „Probierer" sind taktisch hoch aktiv, jedoch ohne jegliches strategisches Gedankengut.

Hauptweg

Er sollte die bisherigen Kontakte pflegen, aber nicht aktiv nach neuen suchen, sondern sich lieber um Produktweiterentwicklung, Kommunikation oder Preispolitik kümmern.

Der Weinpreisbrecher oder Dumper:

Das Hauptaugenmerk dieser Winzer liegt auf dem Preis – sie glauben an die alleinige Regelkraft des Preises. Der Preis allein stimuliert die Nachfrage, der Preis allein schafft Wettbewerbsvorteile … – nur einige Irrtümer, denen diese Kategorie von Weinbauern unterliegt.

Regelkraft des Preises

Der Winzer mit Zukunft, mit Herz und Hirn, ist produktliebend, liebt seine Kunden aber mehr. Konsequent und strategisch findet und pflegt er seinen Hauptvertriebsweg und erzielt über seine Preise nicht nur eine maximale Wertschöpfung, sondern überrascht den Kunden positiv. Er versteht den Preis als Gegenleistung für den Wert.

Das richtige Prinzip wäre eine wohlgemischte Kombination der verschiedenen Typen: **„Auf die Dosis kommt es an"** sagte schon Paracelsus!

Die „richtige Dosis":

Das Weinsortiment

„Behutsam, mit besten Infos ausgestattet, das Sortiment erweitern aber auch weiterentwickeln und verbessern" – so lautet die Forderung des künftigen anspruchsvollen Weinkäufers. „Retro" und „Innovation" sind hier wichtige Schlagworte, ebenso die „totale Kundenorientierung".

Hauptwein

Der angebotene Hauptwein sollte nicht nur zum Image des Winzers passen, sondern vor allem Position (Abstand zum Mitbewerb) und Profil (die beste Leistung für den Kunden) zeigen. Aber auch Zweit- und Drittwein sollten die Marktposition sinnvoll ergänzen und verbessern. Der Wein ist die objektive Leistung an die Zielgruppe – mit hoher subjektiver und emotionaler Wirkung. Qualitätskriterien sind hierbei immer noch Grundvoraussetzungen für den Erfolg.

Zweit- und Drittwein

Folgende Grafik veranschaulicht, wie Sie Ihr passendes Sortiment der Zukunft finden können:

	Babys: unübliche, attraktive neue Weine, kreiert auf der Suche nach Menge, sind positive Fragezeichen für die Zukunft	**Stars:** z.B. Junker, hoher Marktanteil und hohe Marktattraktivität, bringen Bekanntheit, Image und sind eine starke Marke
Attraktivität (Wein, Dienstleistung) für die Zielgruppe	**Poor/Dead Dogs:** mindern den Gewinn und schädigen nicht nur das Geschäft, sondern auch das Image ▸ Eliminieren – weg damit!	**Cash-Cows:** Klassiker wie z.B. Veltliner, Welschriesling; Lieblingsprodukte der Kunden, treues Kundenverhalten, teilweise ungeteilte Treue

Marktanteil in der bewusst gewählten Zielgruppe

Nachdem der Lebenszyklus bei Wein (und den dazugehörigen Dienstleistungen) in Phasen abläuft (von der Markteinführung bis zum bewussten Herausnehmen vom Markt), ist es ganz normal, dass man bei einer Produktanalyse in eigener Sache feststellt, sowohl **Babys** als auch **Stars** (einige wenige, oft nur einer) und **Cash-Cows** zu haben.

Doch wie bereits erwähnt – auf die richtige Mischung kommt es an! Babys und Stars kosten Zeit und Geld, Cash-Cows zwingen zu Aktivitäten rund um Kundentreue und Kundenbindung.

Hier einige mögliche Mixlösungen:

Der Winzer im intensiven Dialog:

Hierbei ist sowohl die direkte, offene Kommunikation (Dialog) mit den Kunden (gute Gesprächsbasis, offen für neue Ideen, aber auch für konstruktive Kritik), als auch die aktive und aktuelle Präsenz in den neuen Medien (Internet) wichtig. Die Bedeutung der neuen Medien als Informationsquelle, aber auch als (Wieder)Bestellweg, ist im Steigen begriffen, so dass Anbieter dieser Tatsache in Zukunft ins Auge sehen sollten. Immer mehr aktive und wertsuchende Weinliebhaber sind mit Hilfe des Internets zeit- und ortsunabhängig in der Lage, virtuell zu konsumieren.

Kommunikation mit den Kunden

Präsenz in den neuen Medien

virtuell konsumieren

Auch eine durchdachte und einheitliche Gestaltung aller Infoträger (Etiketten, Folder, Flyer, Flaschen, Kartons usw.) sowie eine ansprechende (zielgruppengerechte) und atmosphärisch schöne Präsentation der Weine selbst tragen zur Gedächtnisleistung (Speicherung) und Präferenzbildung bei.

„Profil haben und zeigen" sowie dies spürbar und einheitlich leben ist die CI (Corporate Identity) -Devise!"

Mögliche Botschaften:

Die Botschaften, die vom Winzer ausgehen, sollten kurz, prägnant und klar sein. Selbst bei optimaler Merkfähigkeit (Gedächtnisleistung beim Kunden) ist eine mehrmalige Wiederholung von identen Botschaften notwendig (aus Erfahrung weiß man, dass Wiederholungen bis zu 7 x notwendig sind, damit die richtige Gedächtnisleistung da ist)! Ein Großteil der erfolgreichen Botschaften sind positive und aktive Botschaften, die auch zum Schmunzeln anregen. Sobald der Kunde einmal lächelt, sind viele Muskeln in Bewegung – einer besseren Gedächtnisleistung steht nichts mehr im Wege. Diese Aussagen gelten insbesondere für gewählte Slogans, wobei hier noch ergänzend gilt: Oftmalige Veränderungen verwirren! Konsequenz in der Slogangestaltung bedeutet Treue beim Kunden. Vorsicht bei Provokationen: Obwohl kurzfristig damit eine Gedächtnisleistung erreicht werden kann, ist auf die langfristige Wirkung zu achten.

Der Weg zum Kunden:
Ein Hauptvertriebsweg und nur einige wenige Nebenwege wären von Vorteil. Alle diese Vertriebswege sind immer langfristig zu sehen. Kontakthege und -pflege, Kontaktintensivierung und langfristige vertrauensvolle Verbindungen am Hauptweg sind Garanten für eine passende „Versorgung" des Kunden. Ungeteilte Treue ist nur bei konsequenter und strategischer Vertriebswegewahl möglich!

Der Qualitätspreis:
Weinkäufer haben immer eine obere und untere Preisgrenze (von – bis) in ihrer Gedankenwelt gespeichert. Mit zunehmender Erfahrung rücken diese Preisgrenzen (= Preislines) immer näher zusammen.

Preislines

Der Weinbauer sollte die obere und untere Grenze kennen; zwischen diesen liegt der so genannte „reaktionsfreie" Spielraum für den Anbieter. Im Idealfall schafft man eine Nähe zur oberen Preisgrenze.

Schlecht ist zu billig oder zu teuer: Zu billig heißt für den Kunden „Der Wein ist nichts wert!", zu teuer kommt gar nicht in Frage – in beiden Fällen verliert man Kunden.

TIPP:
Der Winzer von morgen kümmert sich um neue Weingesamtlösungen, also von Wein über (Geschenks)Verpackungen, Verkauf und Zustellung, bis hin zur Lagerung. Er erzählt diese oft und gerne weiter (Verkostungen, Messen, Ausstellungen, Prämierungen usw.), findet den Weg zur bewusst gewählten Zielgruppe und verlangt für sein Qualitätsprodukt selbstbewusst einen entsprechenden Preis.

Weingesamtlösungen

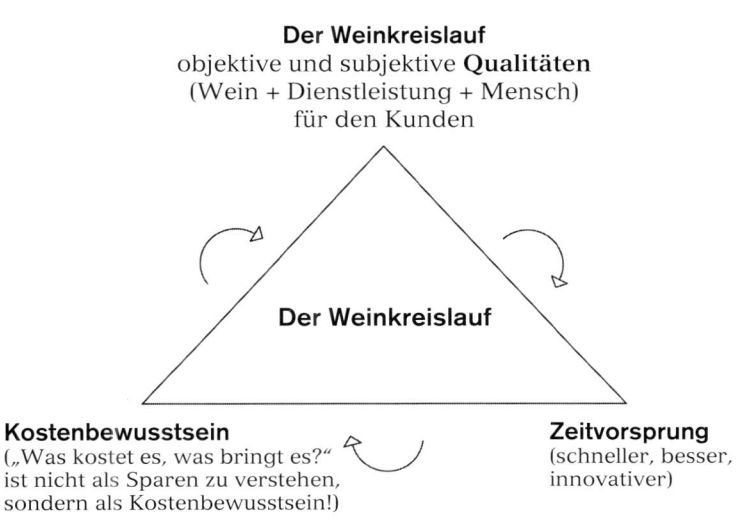

Der Weinkreislauf
objektive und subjektive **Qualitäten**
(Wein + Dienstleistung + Mensch)
für den Kunden

Der Weinkreislauf

Kostenbewusstsein
(„Was kostet es, was bringt es?"
ist nicht als Sparen zu verstehen,
sondern als Kostenbewusstsein!)

Zeitvorsprung
(schneller, besser,
innovativer)

= gleichzeitig der Mini-Masterplan für alle Aktivitäten
im gesamten Marketing-Mix

Preispolitik und Verkauf

Nichts ist so schnell und einfach zu verändern wie der Preis – aber nichts ist in seiner strategischen Wirkung so lang anhaltend wirksam wie der Preis.

Da die Wein-Preispolitik ein besonders sensibles Thema ist (da jeder Weinbauer, der keine Idee hat, den Preis aggressiv einsetzt), hier noch einige Tipps für die Preisgestaltung:

1) Kundenorientierte Preisgestaltung ist nicht nur trendig und „in", sondern erzeugt auch Wertschöpfung und Gewinn! Kundenorientiert bedeutet, den Wert des Weines und der Dienstleistung beim Kunden zu kennen und einen entsprechenden Preis zu verlangen. — *Kundenorientierung*

2) Mit dem Preis muss es möglich sein, die Qualitäts- und Quantitätsziele des Unternehmens mittel- und langfristig zu erreichen! — *Qualitäts- und Quantitätsziele*

3) Ein wesentliches Qualitätssignal geht vom Preis aus („Qualität hat ihren Preis")! Vor allem dann, wenn keinerlei Erfahrungen mit Wein und Winzern da sind, zieht der Kunde aus dem Preis das Qualitätsurteil. Besonders wichtig ist dieser Punkt in Regionen und Gebieten, wo der Preis mitunter vom einzelnen Winzer für die ganze Region beeinflusst wird (regionale Leitpreise sind gleich regionale Qualitätsurteile – oftmals „leidvoll")!

4) Der Preis ergibt sich oftmals aus Marktposition und Profil!

Zusammenfassung der Punkte 1 bis 4:

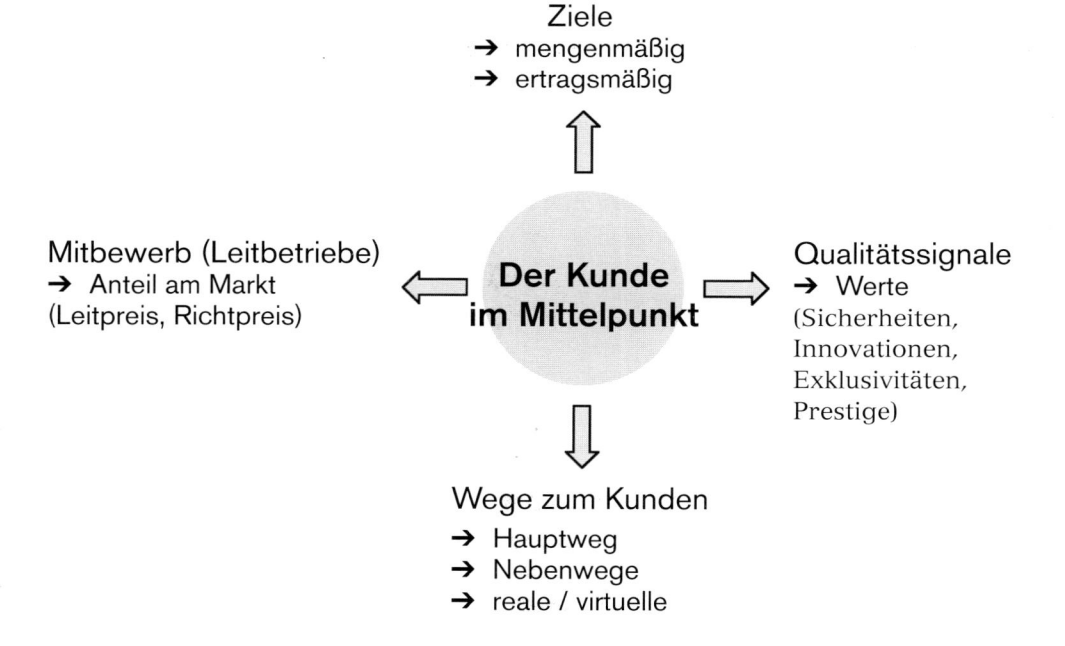

Ziele
→ mengenmäßig
→ ertragsmäßig

⇧

Mitbewerb (Leitbetriebe)
→ Anteil am Markt
(Leitpreis, Richtpreis)

⇐ **Der Kunde im Mittelpunkt** ⇒

Qualitätssignale
→ Werte
(Sicherheiten, Innovationen, Exklusivitäten, Prestige)

⇩

Wege zum Kunden
→ Hauptweg
→ Nebenwege
→ reale / virtuelle

Empfehlung:
Eine aktive, langfristige Preisplanung unter dem Motto „Qualität hat ihren Preis" hat sich in der internationalen Praxis sehr bewährt, da diese konstante Preispolitik nicht verwirrt, sondern dem Kunden Sicherheit gibt – und mit dieser Sicherheit entsteht Wert (auf beiden Seiten)!

Längerfristige Preisplanung im Detail

| Längerfristige **Preisplanung** erzeugt | **Gewinn,** bedingt | **Wert** für den Kunden und produziert | **Wertschöpfung** für eine innovative und sichere Winzerzukunft! |

Diese ist also ein GEWINN auf mehreren Linien/Ebenen (beim Kunden in der Gegenwart und in Zukunft; beim Winzer: Distanz zum Mitbewerb)!

VORSICHT: Hände weg von Aktionen, Rabatten und Sonderpreisen. Lieber auf eine geplante, strategische Preispolitik setzen!

Kooperationen

> *Wer kein Ziel hat, kann auch keines erreichen – das gilt in besonderem Maße für Kooperationen!*

Hoffnung

Stärken, Ziele, Positionen und Leitsätze im Handeln

Viele Winzer beginnen jede Art von Kooperation mit der überhöhten **Hoffnung** auf sofortige Verkaufssteigerungen (geldliche Vorteile). Nur wenige Kooperationen erfüllen langfristig diese Erwartungen. Entweder passen die **Stärken** der Partner nicht zusammen (man ergänzt sich nicht) oder **Ziele, Positionen** und **Leitsätze im Handeln** sind nicht vereinbar.

Aus Erfahrung ist bekannt, dass es bei jeder Kooperation **vier** Schritte gibt:

- **Start** (mit Euphorie)
- **überzogene Erwartungen** (alles wird ganz schnell „just in time" besser)
- **Ernüchterung**
- **Erleuchtung, Profit und dauerhafter, strategischer Erfolg**

einige wenige, strategische Kooperationen

„Nur einige wenige, strategische Kooperationen eingehen" – das sollte das Motto aller Winzer sein. Dabei spielt weniger die Größe des Kooperationspartners eine Rolle, als die Kundenorientierung und die richtigen Erwartungen an die Partner. Bei allen Kooperationen muss der Gewinner Nr. 1 immer der Kunde sein! Für diesen Kunden muss etwas besser, schneller, spaßiger und umfassender werden – das schafft Spaß am Wein!

Horizontale Kooperation

größere Mengen – größerer Marktanteil

Bei dieser Kooperation schließen sich optimalerweise Winzer zusammen, die sich vor allem im Weinsortiment sinnvoll ergänzen und durch größere Mengen (an erzeugtem Wein) gemeinsam einen größeren Marktanteil erreichen können. Oftmals ist der Schritt in die Internationalität nur so möglich.

Einige wenige, aber aktive, langfristige, auf Vertrauen und Erfolg aufbauende Kooperationen eingehen – so lautet das Gebot in der horizontalen Kooperation.

Vertikale Kooperation
Hier gibt es vor allem Vertriebskooperationen mit verschiedenen nachgelagerten Wirtschaftsstufen. Die Partner machen zum Kundenvorteil gemeinsame Sache.

Kundenvorteil

Bei dieser Form der Kooperation ist es besonders wichtig, dass die Visionen, Positionen und Profile der Partner fast deckungsgleich sind. Handel und Dienstleistungsbetriebe oder Hotelgewerbe und Gastronomie sind mögliche Partner auf dem Weg zum Erfolg.

Diagonale Kooperation
Diese Kooperation ist ein Aufruf an alle innovativen Winzer, an einem völlig „schrägen" Projekt teilzunehmen!

Die „Spielwiese der Innovation" ist dabei sehr groß. Als Beispiele für eine diagonale Kooperation könnte man etwa einen Tankstellenweinkeller, einen Wein-Drive In (nicht zum Trinken, zum Mitnehmen!) oder verschiedene virtuelle Kooperationen nennen – doch dies sind nur einige Punkte, die es zu erforschen gibt (Zielgruppenerfassung dabei nicht vergessen!).

Fantasie und Risikobereitschaft

Worauf es vor allem ankommt: auf eine positive Fantasieentwicklung und eine gesunde Portion Risikobereitschaft. Schließlich geht es um das bewusste Verlassen vertrauter Wege!

Fazit:
Die Buchstaben im Wort „Kooperation" stehen für:
- K = kreativ (neue, ungewöhnliche Zusammenarbeit suchen und finden)
- O = Ordnung im Sinne von einigen, wenigen Zielen (genau definierte, messbare, kontrollierbare Ziele)
- O = operative bzw. taktische Aktivitäten setzen (nicht abwarten, sondern zur Zielerreichung etwas tun)
- P = professionell im Team zusammenarbeiten (die gesamte Kooperation mit einem Plan beginnen; Pläne sind immer dazu da, dass etwas besser, schneller, einfacher, leichter wird)
- E = Energie haben (Energie entsteht aus ergänzenden Stärken und aus Arbeiten an diesen Stärken bis zur gemeinschaftlichen Kernkompetenz)

- R = Risikolosigkeit herbeiführen (risikolos wird es dann, wenn im Mittelpunkt aller Kooperationsüberlegungen der Kunde der Zukunft steht und dieser Kunde neben den kooperierenden Partnern der Gewinner der Kooperation ist)
- A = Aktivitäten im Sinne von gemeinschaftlichen Handlungen (unter Umständen auch Fehlern; allerdings kann man insgesamt schneller und besser werden, wenn man Fehler schnell erkennt und etwas dagegen tut)
- T = über den eigenen (Winzer-)Tellerrand hinausblicken (neue Märkte im In- und Ausland erschließen)
- I = Innovation (neue und ungewöhnliche Lösungen bzw. kundenorientierte Weiterentwicklungen stehen im Mittelpunkt von erfolgreichen Kooperationen)
- O = offensiv agieren (bedeutet Geschwindigkeit; nicht nur das Richtige richtig tun, sondern vielmehr schnell tun; denn im Weinbereich gilt: Der, der zuerst etwas tut, ist oftmals der Gewinner und bereits der Zweite ist der erste Verlierer)
- N = Nutzen maximieren (Nutzenmaximierung bedeutet eine umfassende und langfristige Begeisterung aller an der Kooperation Beteiligten und vor allem ein Mehr an Nutzen für den Kunden)

Teamfähigkeit und Teamwille

Erfolgreiche Kooperationsarbeit setzt aber Eigenschaften wie Teamfähigkeit und Teamwille voraus. Im Bereich der Kooperation sind miteinander können und wollen (auf höchstem Weinniveau), ohne Missgunst und Neid, „Musts". Dynamische Kooperationsbetrachtungen zwingen zumindest einmal im Jahr dazu, das bestehende Kooperationskonzept (immer schriftlich) auf seine Tauglichkeit hin zu überprüfen.

Der Masterplan für Winzer

1. Schritt:

Genaue Produkt- und Preisanalyse (Mengen- und Gewinnbetrachtung je nach Sorte und Zielgruppe)

Folgende Informationen sind notwendig:
- Die eigenen Produkte sollten dem Lebenszyklus nach geordnet werden.
  Der Lebenszyklus beginnt mit der bewussten Einführung am Markt (Kosten hierfür sehr hoch, da Bekanntheit und Image schnell gesteigert bzw. positiv beeinflusst werden müssen).
- Schnelles Wachstum (Vertriebswege hierbei besonders wichtig).
- Wein-Reifephase (Attraktivitäten nehmen langsam ab, Treue bleibt noch, Erwartungen in Richtung Innovation sind da).
- Wein-Sättigung und Entfernung vom Markt (unattraktives, vom Preisverfall betroffenes Angebot vom Markt nehmen und nie mehr auf den Markt bringen).
- Für international tätige Weinbauern empfiehlt es sich, diese Lebenszyklusbetrachtungen je nach Markt durchzuführen.
- Die Preisanalyse dient zur Feststellung der Preisentwicklungen im Preisablauf und auch zur Festlegung der zukünftigen Preislinien (Premiumpreise bis hin zu Dumpingpreisen).

Als Ergebnis dieses ersten Schrittes könnte eine ABC-Analyse für den Winzer entstehen. **ABC-Analyse**
- A-Weine sind solche, die mengenmäßig und preismäßig „on top" sind
- B-Weine haben Entwicklungspotenziale
- C-Weine sind solche, über deren weiteren Verbleib im Sortiment man sich ernste Gedanken machen sollte.

Diese Produkt- und Preisanalyse kann man natürlich nicht nur für den eigenen Betrieb, sondern auch für die wichtigsten regionalen, nationalen und internationalen Mitbewerber durchführen. Damit entsteht eine umfassende Abbildung des Marktes. Für den Winzer werden so Potenziale aufgedeckt. **Abbildung des Marktes**

2. Schritt:

Kommunikations- und Vertriebsanalyse (Kostenanalytische Überlegungen zu Kommunikation, Information und Absatzwegewahl)

Kosten-Nutzen-Überlegungen

Botschaft und Botschaftsträger verursachen Kosten; also müssen sie auch Nutzen bringen. Einige wenige Botschaften, diese aber oftmals wiederholt, erzeugen beim Menschen eine höhere Gedächtnisleistung. Botschaftsträger (Kanäle) sollten nicht nur danach beurteilt werden, wie viele Menschen diese Kanäle nutzen, sondern vielmehr danach, wie intensiv, glaubwürdig und akzeptiert diese Nutzung erfolgt. Auch spielen dabei die Grundausrichtungen der Medien (Unterhaltung, Fachinformation, Special Interest, Magazin, Zeitung, Radio usw.) eine Einflussrolle. Auch im persönlichen Dialog stehen Kosten-Nutzenüberlegungen im Mittelpunkt. Aufgabe der Kommunikationsanalyse ist es, das richtige Medium zu finden (Telefonat, Brief, E-Mail, Gespräch usw.). Idealerweise ist man nach einer Kommunikationsanalyse in der Lage, Kosten und Nutzen für jeden Kontakt zu kennen und danach zu planen. Eine Vertriebsanalyse versucht, die unterschiedlichen Wege zum Kunden hin zu untersuchen. Gleichzeitig soll unter Einbeziehung von Logistiküberlegungen (Geld-, Wein- und Informationsfluss) langfristig eine Entscheidung treffbar sein. Einige wenige Vertriebswege sind strategisch aufrechterhaltbar – die Veränderung im Vertrieb erzeugt nicht nur Kosten, sondern braucht auch Zeit. Aus diesem Grund sollte die Vertriebsanalyse entsprechend umsichtig angelegt werden. Kosten spielen dabei aber ebenso eine Rolle wie die Erreichung der gewünschten Zielgruppe (quantitative und qualitative Kennzahlen).

Logistiküberlegungen

3. Schritt:

Ziele, umfassende Aktivitäten und Maßnahmen

In diesem dritten Schritt geht es um die exakte Definition der Ziele und der dazu passenden Aktivitäten. Welche Aktivitäten? Wer macht diese? Bis wann sollen sie stattfinden? Mit welchen Kosten rechnet man? Mit welchem Zeitaufwand? Welche Kontrollpunkte setzt man sich? All dies sind sinnvolle Teile einer Maßnahmenplanung. Ein permanenter Vergleich (Soll-/Ist-Vergleich) führt zum

Erkennen von frühen Signalen bei Abweichungen und signalisiert so frühzeitig notwendige Korrekturen. Jede Abweichung kann so nicht nur frühzeitig erkannt werden, sondern es ist auch möglich, den Plan durch entsprechende Korrekturen einzuhalten. Der Konzeptplan ist entweder neu zu gestalten bzw. ein bestehender Konzeptplan ist zu adaptieren. Ein Maßnahmenplan ohne Kennzahlen ist nur die Hälfte wert; passende Kennzahlen sollten festgelegt und definiert werden.

Konzeptplan

Kennzahlen

4. Schritt:

Ursachenanalysen und Korrekturmaßnahmen

Die systematische Ursachenanalyse soll nicht nur negative Abweichungen, sondern auch positive Abweichungen aufdecken. Fundierte Ursachenanalysen sind notwendig, um entsprechende Veränderungen herbeizuführen. Es geht also nicht nur um das bloße Soll-/Ist-Vergleichen (klassische, traditionelle Kontrolle), sondern vielmehr um die Steuerung in eine erfolgreiche Zukunft (Wein-Controlling).

negative und positive Abweichungen

5. Schritt:

Wein-Controlling

In dynamischen Zeiten, vor allem beim Verdrängungswettbewerb, bei völlig neuen Kundengruppen, zählt nicht alleine das schnelle Erkennen des Fehlers und die Korrektur, sondern vielmehr die Geistes- und Handlungshaltung (Ich kann und ich will dazulernen, ich kann und will mich verändern!). Dazulernen ist also Synonym für das Können und Wollen.

Erkennen von Fehlern

Dazulernen

Anhang

Beispiel einer eigeninitiativen Öffentlichkeitsarbeit
(Wein-Erlebnistag, Erlebnis-Wochenende usw.)

Diese beginnt mit der internen Vorbereitung im Betrieb.
Anhand einer Checkliste stellt man sich folgende Fragen:
- was?
- macht wer?
- wann?
- wie?
- wo?

In der Folge trifft man Vorbereitungen für eine Kooperation (Weingasthof, Museum, Wein-Wanderung usw.).
Nach mehrmaligem Überprüfen der Vorgangsweise werden Einladungen mit Rückmeldeaufforderungen ausgesendet, denen Angebot, Preis, Teilnehmerkreis usw. zu entnehmen sind.

Danach folgen Detailvorbereitungen von der Begrüßung bis hin zur Verabschiedung:

So könnte ein eintägiges Weinseminar ablaufen:

Einladung einer Gruppe von max. 25 Personen (private Bekannte und Freunde, Reisebüro, Tourismusverein usw.), die nach einem Begrüßungsschluck im Betrieb die Aquarell-Ausstellung „Kunst am Weinbauernhof" besichtigen, anschließend den Weinlehrpfad begehen (oder eine kurze Strecke der Weinstraße befahren) und an einem bekannten Aussichtspunkt Rast machen. Danach geht es zum Weingasthof, wo ein regionales Küchenangebot in Verbindung mit dem eigenen Wein zum Erlebnis wird. Am Nachmittag folgt eine Weinprobe mit Qualitätsweinen in der eigenen, gemütlichen Koststube. Dazu gibt es die passenden Häppchen und viel Wissenswertes rund um den Wein (Geschichte, Weinkultur usw.). Mit einem Weinquiz und dem Aushändigen des Siegerpreises endet das Seminar. Während die Bestellungen verpackt werden, tragen sich die Seminarteilnehmer ins Gästebuch ein, blättern im Fotoalbum, sehen ein Video über … usw.

Resultat/Vorteil: Jeder hat für die Daheimgebliebenen Informationen erhalten; dies mit der Aufforderung, die nächste Veranstaltung am … keinesfalls zu versäumen, denn dann gibt es bereits … usw.

Übersicht Marketingkonzept

		Eigene Anmerkungen:
Ist-Analyse	Die **Stärken** (einige wenige, an denen man zukünftig bis zur Kernkompetenz arbeiten wird)	
	Die **Chancen** (Trends, die man sieht und nutzt)	
	Die **Risken** (große, innovative, traditionelle Mitbewerber, die man ernst nimmt)	
Vision & Leitsätze	Die **Vision**	
	Die **Qualitätsleitsätze**	
Position & Profil am Markt	Die **Position** im Vergleich zu anderen Winzern	
	Das **Profil** (Leistungen/Dienstleistungen) für die Zielgruppe	
Ziele	quantitative **Ziele** (z.B. Marktanteil)	
	qualitative **Ziele** (z.B. Treue, Hauptvertriebsweg)	
Produkt- & Preispolitik	Die **Weine** (verschiedene Sorten, Lebenszyklus)	
	Die **Dienstleistungen**	
	Die **Preise**	
	Die **Preisdifferenzierung**	
Kommunikation und Absatzwegepolitik	Die **Information** (Was an wen?)	
	Die **Kommunikation** (Botschaften und Botschaftsträger)	
	Die **Wege** zur Zielgruppe	
Strategien	Welche **Leistungen** für welche Menschen?	
	Welche **Märkte** (lokal bis international)?	
	Welche **Behandlung** (Wer wird belohnt/ A-Kunden-Hege und -Pflege)?	
	umfassende **Qualitätsdefinition**	
Controlling	**Soll-/Ist-Vergleich** (positive und negative Abweichungen beachten)	
	Korrekturmaßnahmen und Handlungen	

Checkliste für meinen Betrieb

Eine Orientierungshilfe für Weinvermarkter,
Buschenschenken bzw. Straußenwirtschaften

(Streichen Sie zutreffende Punkte blau, nicht zutreffende rot an!)

- ☐ Bin ich unter den Mitbewerbern als guter Betrieb bekannt?
- ☐ Führen Hinweisschilder einen Ortsunkundigen zum Betrieb?
- ☐ Macht die Zufahrt einen gepflegten Eindruck?
- ☐ Vermittelt der Betrieb stets eine einladende Atmosphäre?
- ☐ Bestehen ausreichende Parkmöglichkeiten mit Beleuchtung?
- ☐ Ist ein Betriebsprospekt mit aktueller Betriebs- und Produktbeschreibung vorhanden?
- ☐ Habe ich eine Visitkarte?
- ☐ Habe ich dazu passendes Briefpapier usw.?
- ☐ Gibt es eine Pressemappe?
- ☐ Verfüge ich über betriebseigene Werbeartikel (Gläser, Korkenzieher usw.)?
- ☐ Begleitet ein einheitliches Logo alle Marketingmaßnahmen?
- ☐ Ist mein Betrieb über Telefon, Fax, E-Mail, Internet erreichbar?
- ☐ Ist mein Betrieb jederzeit erreichbar (Zufahrt für PKW, Bus, Spedition)?
- ☐ Ist das Bedienungspersonal sauber gekleidet?
- ☐ Vermitteln die Räumlichkeiten Winzer-Atmosphäre?
- ☐ Nütze ich die Möglichkeit von Produkt-Präsentationsecken?
- ☐ Sind Keller und Stiegen stets sauber und sicher?
- ☐ Gibt es ein eigenes Gäste-WC (Damen und Herren getrennt)?
- ☐ Ist ein eigener Verkaufsraum vorhanden?
- ☐ Ist ein Kinderspielplatz vorhanden?
- ☐ Biete ich Weinverkostungen an?
- ☐ Werden saubere Stiel-Kostgläser verwendet?
- ☐ Gibt es eine Kostliste?
- ☐ Gibt es bei der Verkostung Abschüttkrug und Spucknapf?
- ☐ Ist jederzeit eine detaillierte Auskunft über Wein und Betrieb möglich?
- ☐ Öffne ich die Flaschen entsprechend der Weinkultur?

- ☐ Verwende ich der Weinkultur entsprechende Korkenzieher?
- ☐ Gibt es eine Weinkarte mit Sortenbeschreibung und Preis?
- ☐ Gibt es auch glasweisen Ausschank von Qualitätsweinen?
- ☐ Wird der Kunde über Verkaufs- und Lieferbedingungen informiert?
- ☐ Sind stets genügend Flaschen etikettiert?
- ☐ Können Vinothek-Weine angeboten werden?
- ☐ Gibt es eine Kundenkartei?
- ☐ Gibt es ein Gästebuch?
- ☐ Halte ich mit Stammkunden Kontakt (Neuigkeiten, Anlässe usw.)?
- ☐ Gibt es eine Produktdifferenzierung zum Mitbewerber (Wein, Sekt usw.)?
- ☐ Gibt es hauseigene Spezialitäten (Brot, Gebäck, Säfte, usw.)?
- ☐ Sind Verkaufskartons unterschiedlicher Größe vorhanden?
- ☐ Können wir über unser Gebiet (geschichtlich, geografisch usw.) Auskunft geben?
- ☐ Gibt es ein Gästeinformationsblatt (Regionalprospekte)?
- ☐ Beteilige ich mich an Weinprämierungen?
- ☐ Beteilige ich mich an Weintagen, Weinwochen, Ausstellungen, Messen usw.?
- ☐ Ist unsere Flaschenadjustierung zeitgemäß?
- ☐ Beobachte ich andere gut geführte Betriebe in puncto Marketing?
- ☐ Pflege ich das Image des Weinbaugebietes und der Weinbauregion?
- ☐ Nütze ich vorhandene Werbe- und Vermarktungshilfen?
- ☐ Habe ich zumindest eine Fachzeitschrift abonniert?
- ☐ Besuche ich mindestens einmal jährlich ein Weiterbildungsseminar?
- ☐ ....
- ☐ ....

Diese Checkliste erhebt keinen Anspruch auf Vollständigkeit und ist vornehmlich auf direktvermarktende Winzer abgestimmt. Je mehr Sie „rot" sehen, umso weiter sind sie von einem ideal geführten Weinbaubetrieb entfernt!

Checkliste für Messen und Ausstellungen

☐ Produkte (Weine usw.)
☐ Gläser
☐ Wechselgeld
☐ Korkenzieher
☐ Kühlschrank, Kühltaschen bzw. Tischkühler, Verlängerungskabel
☐ Transportrodel
☐ Rückleerkrug bzw. Spucknäpfe
☐ Brotkörbchen bzw. Tablett
☐ Tischtuch
☐ Servietten
☐ Spitzkorken
☐ Dekoration (Fässer, Blumen, Bilder, Plakate, Fotos usw.)
☐ Prospekte
☐ Visitkarten
☐ Etiketten
☐ Produktliste (Weinliste)
☐ Preisliste für Wiederverkäufer und Endverbraucher
☐ Ortsprospekte, Regionsprospekte, Ansichtskarten
☐ Weinvertriebsnetz (Bezugsquellen)
☐ Messeordner
☐ Landkarte
☐ Reinigungsmittel, Gläserspüler, Staubsauger, Abfalleimer
☐ Werkzeugkasten, Taschenmesser und Schere, Verbandsmaterial
☐ Locher, Klebeband, Heftmaschine und Klammern
☐ Taschenlampe mit Reservelampe u. Batterie
☐ Auftrags-, Rechnungs- und Lieferscheinbuch
☐ Namensschilder
☐ Tragtaschen bzw. Kartons
☐ Schreibutensilien und Notizblätter
☐ Adressheft und Notfalltelefonnummern
☐ Fotoapparat und Filme
☐ ....
☐ ....

TELEFONNOTIZ   am .... um ....

von ....

Freie Leitung abwarten
Buschenschank, Weingut ...
Grüß Gott!, Guten Tag!
Gast mit Namen ansprechen
Schnelle Erledigung zusichern
Für den Anruf bedanken, schönen Tag wünschen

Name ....
Adresse ....
....
Tel./Fax-Nummer ....
E-Mail ....
....
Internet ....
Wünsche ....
....
....
....
....
....
....
....
Sonderwünsche ....
....
....
....
Wie sind Sie auf uns aufmerksam geworden
....
....
Was ist bis wann zu tun ....
....
....
....
....
....
....

Buchstabiertabelle

A	Anton
B	Berta
C	Cäsar
Ch	Charlotte
D	Dora
E	Emil
F	Friedrich
G	Gustav
H	Heinrich
I	Ida
J	Julius
K	Konrad
L	Ludwig
M	Martha
N	Norbert
O	Otto
P	Paula
Q	Quelle
R	Richard
S	Siegfried
T	Theodor
U	Ulrich
Ü	Übermut
V	Viktor
W	Wilhelm
X	Xanthippe
Y	Ypsilon
Z	Zeppelin

Schlussbetrachtung

> *„Es ist nicht genug zu wollen, man muss es auch tun"*   *(J. W. Goethe)*

… hat es eingangs geheißen.

Patentrezepte für Marketing gibt es nicht. Jeder dahingehende Versuch müsste zwangsläufig scheitern, weil es nur eine begrenzte Nachfrage nach speziellen Produkten gibt. Sobald viele dasselbe machen, sättigt sich dieser Teilbereich und die Preise als Gewinn- und Lebensgrundlage sind unbefriedigend.

Jeder sollte seine Möglichkeiten selbst ausloten: einzelbetrieblich, kooperativ oder durch Zusammenwirken in einer großen Gemeinschaft.
Schule, Berater usw. können Hilfestellungen anbieten – mit „Leben erfüllen" muss jeder seine Lösung selbst.

Die Leitsätze „Nobody is perfect!" und „Es gibt nichts, was es nicht schon gegeben hat" sollen uns in all unserem Streben begleiten. Ist man aber bereit, den freundlichen Umgang mit unseren Mitmenschen und den eigenen Horizont
– durch Kontakte zu Mitbewerbern (Gespräche, Studienfahrten),
– durch das Lesen von Fachzeitschriften,
– durch den Besuch von Kursen und Weiterbildungsseminaren zu erweitern,
– Service- und Beratungsleistungen in Anspruch zu nehmen,
– von positiven Beispielen zu lernen
– sowie manche „Checkliste" des öfteren kritisch zu betrachten,

… so wird uns auch in Zukunft nicht bange sein.

> *„Wer arbeitet und langfristig nur so viel an Geld ausgibt, wie er verdient, dem gehört die Zukunft."*

Ausblick in die nahe Zukunft:

Wir schreiben das Jahr 2010 … Der Weinmarkt hat sich grundlegend verändert. Die Anzahl der Winzer, die sich über Veränderungen freut („Welcome change"), hat zum Glück zugenommen, da jede Veränderung eine neue Chance darstellt. Jene Winzer waren in den letzten Jahren erfolgreich, die neben hoher objektiver und subjektiver Weinqualität auch sympathische menschliche Qualitäten und Dienstleistungen anbieten konnten. Wein, Kunst, Kultur, Unterhaltung, ästhetische Symbiosen und Rundum-Lösungen sind vom Kunden gelernte und geschätzte Wein-Tatsachen.

Aber auch die Wein-Kunden haben sich unhistorisch, schnell und grundlegend verändert. Sie sind aktiver (mobiler) geworden, suchen nach neuen, interessanten Lösungen, haben Spaß und Freude am Leben und schätzen Anbieter, die Werte haben und diese sichtbar leben. Nicht nur die Arbeit, sondern auch die Freizeitmobilität ist eng verknüpft mit Essen und Trinken. Genussesser und -trinker haben stark zugenommen und die Weinkenner haben sich zu ganz neuen Kennerschaften (Klubs) formiert. Neben diesen Zielgruppen gibt es aber noch viele andere Zielgruppen, die nach Wein verlangen. So konnten sich viele Winzer erfolgreich spezialisieren – sowohl in Bezug auf ihre Weine, als auch in Bezug auf ihren Vertrieb.

Wein-, Kunst- und Kulturhäuser mit regionalen Angeboten in unterschiedlichsten Ambienten (vom topmodischen Materialmix bis zum traditionellen Kellerambiente) sind zu Treffpunkten („In-Treffs") geworden und werden darüber hinaus als Kaufinstitutionen mit ungewöhnlichen Öffnungszeiten geschätzt. Erfolgreiche Winzer sind in Kooperationen verankert und so werden Weintrinker der Gegenwart und Zukunft rundum verwöhnt.
Kooperationen im ganz großen Stil haben auch dazu geführt, dass der Wein auch im Ausland an Attraktivität und Marktanteil gewonnen hat. Nicht gegeneinander, sondern miteinander – so wurde der eine oder andere Winzer zum „Global Player" (ohne dafür alleine die notwendige Menge liefern zu müssen).
Im Tourismus spielen neben Gesundheit & Wellness „Essen und Trinken" eine wachsende Rolle. Viele Tourismusanbieter haben ihr Profil durch Besonderheiten beim Essen und Trinken erreicht. „Qualitätssterne" zwingen automatisch zu entsprechenden Weinangeboten (Verkostungen, Begleitungen usw.).

Drucksorten und Etiketten gibt es nur noch einige wenige, aber diese ergänzen und sind tatsächlich nicht nur Innovation sondern auch Aktivierung. Gestaltung, Form und Farbe führten das Weindesign zu Erlebnis und Erfolg. Es gibt immer mehr Netzwerke für Architekten, Werbeagenturen, Händler, Grafiker, Gastronomen, Raumgestalter ... – sie alle leisten ihren Beitrag zum Weinerfolg.

Der Weineinkauf (nicht nur von Stammkunden) erfolgt aber auch über das Online-Shopping mit einer Reihe von kauf-/buchbaren Dienstleistungen. Die realen Öffnungszeiten richten sich aber auch stark nach den Besuchs-/Kauf- und Trinkgewohnheiten der Kunden. Eine Reihe von hochspezialisierten Anbietern (nicht nur Winzer, auch Vinotheken usw.) haben für den Kunden der Gegenwart (es ist 2010!) eine tolle Vorarbeit geleistet. Im privaten Bereich sind Weinkeller, Weinlager, Weinbibliotheken usw. entstanden – es gibt also im vertrauten Ambiente genug zum Sehen, zum Hören und zum (Geschmack) Erleben. Auch die Weinkulturhäuser, ganz spezielle Vinotheken und ausgewählte Gasthäuser, haben dazu beigetragen. Ein vielfältiges Weinangebot, zentrale Anlaufstellen (zum Kosten und Kaufen), regional erlebbare Anbieter (Weinbauern zum Angreifen), entsprechende Produktpräsentationen (nicht nur bei Degustationen und Prämierungen) – der Weinfreund erhält Informationen, Überblick und Gaumenfreuden. Innovationen sind erlebbar geworden, die Preise wurden entsprechend festgelegt (auch Ab-Hof-Preise) und die Preispolitik ist stabil.

Die Winzer befinden sich in ständiger positiver Veränderung, denken über ein Mehr an Dienstleistungen nach und möchten das Leben der Menschen erleichtern. Besonders beachtet werden von den Kunden außergewöhnliche und spezielle Dienstleistungen. Hier besteht eine große Bereitschaft, für diese auch entsprechend zu bezahlen. Der traditionelle Handel hat an Bedeutung verloren, aber hochspezialisierte andere „Händler" haben an Bedeutung und Image gewonnen. Auf der Suche nach Sinn, Wert, Lebensstil, Spaß, Genuss usw. ist der Mensch fündig geworden – einen wesentlichen Beitrag dazu leistet das Kunst- und Kulturgut „Wein".
Die Strategie des erfolgreichen Winzers lautet nach wie vor Aktivität und Angriff – auch die Ziele sind nicht rein wirtschaftlicher Natur, sondern auch imagemäßig zu sehen.

Die Erwartungen der Kunden an das nächste Jahrzehnt sind groß. Bei Erwartungsübertreffung (nur dann!) lockt dem Winzer ein höherer Erlös (über höhere Preise). Authentische Winzer sind zu erfolgreichen Unternehmern geworden. Sie sind neugierig und genussbringend – nicht „belehrend". Sie sind Profis beim Produkt „Wein" und lieben den Menschen/den Kunden trotzdem mehr, als das Produkt. Das Berufsbild des Winzers ist so interessant, dass es auch keine Nachfolgerprobleme mehr gibt; junge Menschen ergreifen gerne den Beruf des Weinbauern; Innovation (Wissen) und Motivation (Können und Wollen) gehen sinnvoll ineinander über.

Die Kundenorientierung hat sich also gelohnt – jede Aktivität, die in der Wunsch- und Bedürfniswelt des Kunden seinen Ursprung fand, hat sich auch wirtschaftlich bezahlt gemacht.
Als Lohn der harten Arbeit (Kommunikationsarbeit) ist man bei internationalen Prämierungen nicht nur Teilnehmer (olympischer Gedanke), sondern Gewinner.

Ein Pros(i)t auf das nächste Jahrzehnt!

Literaturquellen

ÖWM: „Seminarreihe", Eigenverlag

Weinakademie Österreich: „Seminarreihe", Eigenverlag

Reiner, Karl/Taurer, Werner: „Marketing – Praxis für den bäuerlichen Vermieter", L. Stocker Verlag (1997)

Maurer/Maurer-Rogy/Untersberger: „Direktvermarkten", Selbstverlag Bergbauernvereinigung

Lettau, Hans G.: „Grundwissen Marketing", Wilhelm Heyne Verlag

Pottebaum, Paul/Bullerdiek, Annette: „Handbuch Direktvermarktung", Landwirtschaftsverlag Münster (1994)

Schätzel, Otto/Doka, Frank/Schäfer, Klaudia: „Erfolgreich Wein vermarkten", Meininger Verlag (1998)

Österreichischer Agrarverlag: „Der Winzer", Marketing-Serie 01–11/2002

Wein und Saft selber machen,
Bier brauen, Liköre ansetzen, Schaumwein sprudeln lassen...

VIERKA

Wir liefern Ihnen alles, was Sie dazu brauchen:

Obst- u. Beerenpressen, Mühlen, Gummistopfen u. -kappen, Gäraufsätze, Verschließgeräte für Natur- und Kronkorken, Oechslewaagen, Refraktometer, Alkoholometer, Meßzylinder, Antigel, **VIERKA-Reinzuchthefen**, Sekthefen, Behandlungsmittel, Wein-, Sekt-, Likörflaschen, Schläuche, Filtergeräte, Filterschichten, Liköressenzen, reiner Weingeist 96%, Likörkräuter, das VIERKA-Weinbuch und Fachliteratur. **Für die Bier-Herstellung:** Hopfen, Malz (geschrotet u. ungeschrotet), Flüssigmalz, Farbmalze, ober- u. untergärige Bierhefe, Bierspindeln Biersieb, Bierheber, Gäraufsätze, Jodlösung, Meßzylinder, Thermometer, Bierflaschen mit Bügelverschluß, Glasbierballon mit Henkel und Bügelverschluß, Zapfgarnituren, Hahnen, Fässer aus Holz, Kunststoff, Edelstahl, Glasballons u. Fachliteratur.

VIERKA, Friedrich Sauer
Weinhefezuchtanstalt GmbH & Co.
Postfach 1328, D-97628 Bad Königshofen
Tel.: (0049) 09761 / 9188-0, Fax: (0049) 09761 / 9188-44
www.vierka.de e-mail: mail@vierka.de

Der gute Weingeist

Bitte Gratisinfo anfordern

FACHGESCHÄFT DER KELLERWIRTSCHAFT
KELLERTECHNIK

sengl - pridt

J. SENGL
A-7122 GOLS, UNTERE HAUPTSTRASSE 27
TELEFON 021 73/22 45 - FAX DW 4
E-MAIL: senglpridt@aon.at • www. sengl-pridt.at
WEINANALYSEN + GETRÄNKETECHNOLOGIE

FLOTATIONSGERÄTE
UMKEHROSMOSE
PNEUMATISCHE PRESSEN
TRAUBENREBLER
BARRIQUE-
   AUSFÜLLGERÄTE
REINIGUNGSGERÄTE
WEIN- UND MAISCHEPUMPEN

KORKEN
SchiesSeR

AMORIM

Verwenden Sie nur das Beste zur Langzeitlagerung Ihrer Weine

Im Internet unter http://www.schiesser.at
Tel.: 01/545 16 53-0 Fax.:DW. 75 Wien 5, Margaretengürtel 1a-3a

---

Der zur Zeit sicherste synthetische Verschluss für Ihre Weine

nomacorc®
"Simply a better closure"

PROSYNTH

Wien 5, Margaretengürtel 1a-3a Tel.: 01/545 45 96 Fax.:01/548 26 96

Flaschenformen von links nach rechts: Tokai, Bordeaux, antik mit Bandmündung, Rheinwein, Burgund.

Die Flaschenadjustierung ist Betriebsphilosophie.

Flasche und Etikett – auf den Wiedererkennungswert kommt es an.

Die Holzkiste – transportsicher und Signal des Besonderen.

Kapsel mit Logo einer Vermarktungsgemeinschaft.

Naturkork mit Korkbrand vermittelt immer Originalität.

Bildanhang | **Weinmarketing**

Gebiets-Weinpräsentation in einem Gewölbekeller.

Weinpräsentation einer Markengemeinschaft bei einer Ausstellung.

Produktpräsentation in einem Weinkeller.

Präsentations-, Verkaufs- und Schauraum zugleich.

Weinpräsentation mit Lichteffekt und Ton.

Einzelstand mit durchgestyltem Outfit.

Einzelmessestand ohne Sitzgelegenheit.

Einzelmessestand mit beleuchtetem Portfolio.

Bildanhang | **Weinmarketing**

Gemeinschaftsmessestand mit Stehpulten.

Gemeinschaftsmessestand mit Stehpulten und Sitzgelegenheiten.

Gemeinschaftsmessestand mit Kellerromantik.

Modern-rustikale Buschenschenkeneinrichtung.

Präsentations- u. Verkaufsraum: Verbindung von traditionell und modern.

Verkaufsraum mit Selbstbedienung.

Speisen- und Getränkekarte bei einem Hoffest.

Nur die beiden Korkenzieher rechts entsprechen der Weinkultur.

Bildanhang | **Weinmarketing**

Das richtige Kost- bzw. Trinkglas (von links nach rechts): Rotwein, volle Weißweine bzw. leichte Rotweine, Roséwein, junger Weißwein, alter Weißwein, internationales Kostglas.

Nur das Glas rechts außen entspricht den Kostkriterien.

Die Vinothek – kein Sammelsurium, sondern wohlgeordnet nach Jahrgang, Anzahl, Inhalt, Trinkalter usw. Ein „Kellerbuch" beinhaltet die wichtigsten Degustationsnotizen.

Die Macht der Marke.

Untrennbar – Markenwein mit Qualität und Tischkultur.

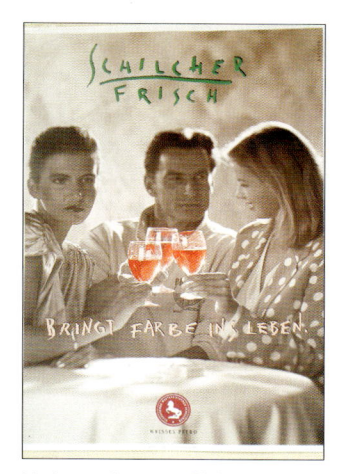

Markenwerbung per Plakat.

Süße Streuartikel mit dem Logo weisen auf das Urspungsprodukt hin.

Markenwerbung auf Geschenkkartons, Briefpapier, Prospekten, Pressemappen, Tischaufstellern und diversen Accessoires.

Bildanhang | **Weinmarketing** 119

KOSTRAD von ÖWM.
(Vorderseite, Rückseite)

120 **Weinmarketing** | Bildanhang